历史的丰碑丛书

思想家卷

德国古典哲学的顶峰
黑格尔

孙正聿　编著

吉林人民出版社

图书在版编目（CIP）数据

德国古典哲学的顶峰——黑格尔 / 孙正聿编著 . —

长春：吉林人民出版社，2011.4（2021.8 重印）

（历史的丰碑丛书）

ISBN 978-7-206-07606-0

Ⅰ.①德… Ⅱ.①孙… Ⅲ.①黑格尔，G.W.F.

（1770～1831）—生平事迹—青年读物②黑格尔，

G.W.F.（1770～1831）—生平事迹—少年读物 Ⅳ.

① K835.165.1-49

中国版本图书馆 CIP 数据核字 (2011) 第 038183 号

德国古典哲学的顶峰　黑格尔

DEGUO GUDIAN ZHEXUE DE DINGFENG　HEIGEER

编　　著:孙正聿

责任编辑:王　丹　　　　封面设计:孙浩瀚

制　　作:吉林人民出版社图文设计印务中心

吉林人民出版社出版 发行（长春市人民大街7548号　邮政编码:130022）

印　刷:北京一鑫印务有限责任公司

开　本:787mm×1092mm　　1/16

印　张:8　　　　字　数:72千字

标准书号:ISBN 978-7-206-07606-0

版　次:2011年4月第1版　　印　次:2021年8月第2次印刷

定　价:35.00 元

如发现印装质量问题,影响阅读,请与出版社联系调换。

编者的话

"欲知大道，必先为史"。

回溯人类的足迹，人们首先看到的总是那些在其各自背景和时点上标志着社会高度和进步里程的伟大人物。他们是历史的丰碑，是后世之鉴。

黑格尔说："无疑，一个时代的杰出个人是特性，一般说来，就反映了这个时代的总的精神。"普希金说："跟随伟大人物的思想是一门引人入胜的科学。"

以史为鉴，面向未来。作为21世纪的继往开来者，我们觉得，在知史基础上具有宽广的知识结构、开阔的胸襟和敏锐的洞察力应是首要的素质要求，而在历史的大背景中追寻丰碑人物的思想、风范和足迹，应是知史的捷径。

考虑到现代人时间的宝贵，我们期盼以尽量精短的篇幅容纳尽量丰富的信息，展现尽量宏大的历史画卷和历史规律。为此，我们编撰了这套丛书。

编撰丛书的过程，也是纵览历代风云、伴随伟人心路、吸收历史营养的过程。沉心于书页，我们随处感受着各历史时期伟大人物所体现的推动历史进步的人类征服力量。我们随着伟人命运及事业的坎坷与辉煌而悲喜，为他们思想的深邃精湛、行为的大气脱俗而会意感慨、拍案叫绝。

然而，在思想开始远游和精神获得享受的同时，我们也随之感受到历史脚步的沉重和历史过程的曲折。社会每前进一步都是艰难的，都伴随着巨大的痛苦和付出。历史的伟大在于它最终走向进步，最终在血污中诞生了鲜活的"婴孩"。

历史有继承性和局限性，不能凭空创造。伟人也有血肉，他们的思想、行为因此注定了同样具有历史的局限性和阶级的、时代的烙印；他们的功业建立于千千万万广大人民群众伟大创造的基础上。历史是人民群众创造的，伟大的人物们是历史和时代造就的。同时，我们也无法否定此间他们个人的努力。这也正是我们编撰这套丛书的目的。

我们期盼着这套丛书得到社会的认同，对读者，特别是青少年读者之历史感、成就感和使命感的培养有所裨益。史海浩瀚，群星璀璨。我们以对广大青少年读者负责的精神，精心遴选，以助力青少年成长进步，集结出版了《历史的丰碑》系列丛书，敬请读者批评、指正。

历史的丰碑丛书

编 委 会

策　划：　胡维革　　吴铁光

　　　　　　林　巍　　冯子龙

主　编：　胡维革　　邢万生

副主编：　贾淑文　　谷艳秋

编　委：（按姓氏笔画为序）

　　　　　　于二辉　　刘士琳

　　　　　　刘文辉　　孙建军

　　　　　　李艳萍　　吴兰萍

　　　　　　杨九屹　　隋　军

两百多年前的德国，曾相继诞生了三位伟大的天才：文学巨匠歌德，音乐大师贝多芬和思想巨人黑格尔。他们把西方的古典文学、古典音乐和古典哲学推向了顶峰，使人类的情感世界和理性世界放射出更加瑰丽的光芒。

　　黑格尔是18世纪末到19世纪初德国古典哲学的集大成者。他的辩证法理论是马克思主义哲学的重要理论来源之一。恩格斯说，黑格尔"以最宏伟的形式概括了哲学的全部发展"，"他不仅是一个富于创造性的天才，而且是一个学识渊博的人物，所以他在每一个领域中都起了划时代的作用"。阅读黑格尔用思想写成的传记，了解黑格尔对哲学史的概括，品味黑格尔对人类理性的探索，会把我们带入人类思想的汪洋大海，会使我们在辩证智慧的海洋中扬帆远航。

目　录

历史的丰碑丛书

思 想的传记：黑格尔的生平与著述

> 在黑格尔的博大体系中，以往哲学的
> 全部雏鸡都终于到家栖息了。
>
> ——H.阿金

乔治·威廉·弗里德里希·黑格尔1770年8月27日出生于德意志符腾堡公国首府斯图加特。他的父亲是符腾堡州的财政部官员。黑格尔是在那种耐心、求实、谦逊和秩序井然的文化氛围的熏陶下长大的。这种文化熏陶似乎不仅是构成了黑格尔的严谨冷静、一

→德国的柏林市

丝不苟的思想风格，甚至还构成了黑格尔的平平淡淡、从从容容的生活方式。许多黑格尔传记的作者都认为，"黑格尔的生平是死板枯燥的，几乎没有什么能引起人们兴趣的外部故事"，"与历史上其他著名哲学家比起来，黑格尔的生活可以说是最平凡的"。

黑格尔早年就读于拉丁学校和文科中学，1793年毕业于图宾根神学院，从1801年起先后在耶拿大学、纽伦堡中学、海德堡大学和柏林大学任教。直到40岁时，黑格尔才感到需要结婚，并求友人为他物色一个生活伴侣。1831年霍乱侵袭柏林，黑格尔成了流疫的首批牺牲品之一，于当年11月14日与世长辞。

这就是哲学家黑格尔的生平，这就是由学习、写作和教书构成的思想巨人的"死板枯燥""最平凡"的生平。然而，这种"最平凡"的生平，只是哲学教授黑格尔的"外部故事"。思想，才是巨人黑格尔的真正传记。

德国诗人海涅曾对法国的资产阶级革命家罗伯斯庇尔、拿破仑与德国古典哲学的三位代表人物康德、

←海因里希·海涅，德国著名抒情诗人。

→ 德国哲学家康德

← 法国的资产阶级革命家罗伯斯庇尔

费希特和黑格尔做过这样的比较：就破坏和严峻后果而言，罗伯斯庇尔可以和康德相匹敌；就意志的狂放和抱负的远大来说，拿破仑可以和费希特相并肩；而就全面地继承人类的精神事业，充分表达18、19世纪之交的根本变化而言，却没有一个法国人可以与黑格尔同日而语。

黑格尔少年时代酷爱读书，几乎把所有的零用钱都用来买书。在那个时代重要的文学作品和科学著作，他几乎都读了，并对每部著作都进行仔细的分析和长篇的摘录。他还把摘录的活页纸按照语言学、美学、哲学、神学、史学、心理学、几何学、数学、教育学、面相学等项目加以分类，每一类都严格按照字母顺序排列，放在贴有标签的文件夹里。这种伴随黑格尔终生的读书习惯，为其全面地继承人类的精神遗产和创建其独特的哲学体系奠定了坚实的基础。

博览群书的少年黑格尔，尤其喜爱希腊古典文学，而对希腊文学的研究又激发了黑格尔对整个雅典文化的热情。在中学时期的作文中，黑格尔就曾分别写出《论希腊人和罗马人的宗教》和《论古代诗人的若干特征》。在他考入图宾根神学院的当年又写出了《论希腊罗马古典作家的著述给予我们的若干教益》。

黑格尔认为，希腊古典文学是培养人的鉴赏力的学校，希腊史学家的作品是记载历史的典范，希腊哲学则是一切哲学的发源地。与希腊古典文化终生为伴的黑格尔曾一再这样告诉人们：使生活快乐、美好、色彩缤纷的科学与艺术，都是直接或间接地源于希腊；谈到希腊哲学，我们就会体验到一种精神家园之感。或许正是这种对古典文化的热爱甚至是迷恋，使得青少年的黑格尔的思想获得了一种恩格斯所称赞的"巨大的历史感"，并使得黑格尔的整个哲学思想具有了"古典"的深邃与庄严。

如果说这种极为深厚的文化教养为黑格尔的理性思考奠定了坚实的根基，那么，启蒙思想家卢梭和法国大革命则是激发黑格尔的哲学沉思的真正动力。

卢梭是青年黑格尔的思想先知。卢梭对社会罪恶和封建奴役的控诉，深深地感染和触动了黑格尔，他

让－雅克·卢梭，法国伟大的启蒙思想家，法国大革命的思想先驱，启蒙运动最卓越的代表人物之一。

也认为当时的社会需要一个大的变革。因此，黑格尔热情地欢呼和热烈地拥护1789年的法国大革命。他充满激情地发表关于自由与博爱的演说，为法国革命辩护，并在纪念册上记着"反对暴君""打倒坏蛋""自由万岁""卢梭万岁"等革命口号，还与友人一起去集市上栽种了一棵"自由树"。

黑格尔认为，法国大革命是"一次光辉的日出。一切能思想的生物，都欣然地欢迎这一新时代的到来。高尚的热情充满了这个时候，全世界被一种智慧的热忧所浸润，仿佛神同尘世间的调和才达到似的"。（《历史哲学》，三联书店1956年版，第493页）1806年10月13日凌晨，法军占领了黑格尔当时居住的耶拿，30日拿破仑皇帝进入该城。黑格尔在给友人的信中说："我见到了皇帝——这位世界精神——骑着马出来在全城巡察。看到这样一个个体，他掌握着世界，主宰着世界，却在眼前集中于一点，踞于马上，令人有一种心旷神怡之感。"（《黑格尔通信百封》，上海人民出版社1981年版，第204页）

黑格尔之所以如此由衷地赞美法国大革命，甚至把拿破仑称作"马背上的世界精神"，是因为黑格尔认为，"经过革命的洗礼，法国已从制度的桎梏中解放出来。这些陈规陋习早已被人类精神抛弃，它们以往压制着法国，现在又像已失去活力的羽毛那样覆盖着别国。"正是为了理性在世界的胜利，黑格尔才如此由衷地赞美法国大革命，并呕心沥血地以哲学的方式去构建他的"理性的世界"。也正因如此，黑格尔的哲学才成为"法国革命的德国理论"。

"理性"，用现代德国哲学家恩斯特·卡西尔的话说，它是"18世纪的汇聚点和中心，它表达了该世纪所追求并为之奋斗的一切成就"。（《启蒙哲学》，山东人民出版社1988年版，第4页）因此，"理性"也成为

18世纪末到19世纪初的德国古典哲学"反思"的核心概念，特别是成为德国古典哲学的集大成者黑格尔进行哲学思考和构建哲学体系的出发点。

人类理性面对千差万别、千变万化的世界，总是力图在最深刻的层次上把握到世界的内在统一性，并用理性所把握到的这种统一性去解释世界上的一切现象，以及关于这些现象的全部知识。黑格尔认为，这就是人类理性所追求的把握世界和解释世界的"全体的自由性"；人类理性的这种追求以理论的形态表现出来，就构成了哲学。

黑格尔认为，古希腊哲学家亚里士多德把哲学规定为一种研究"实是之所以为实是""寻取最高原因的基本原理"的学术，正是表达了人类理性及其哲学的合理追求。但是，黑格尔认为，亚里士多德以来的哲学家们，虽然以各种方式去追求理性对世界的统一性解释，但却没有真正地、彻底地"反思"理性本身。因此，黑格尔给自己提出的任务是，"对思想的思想"，"对认识的认识"，也就是把理性作为哲学"反思"的对象，去构建一个"理性的世界"。

为此，黑格尔"以最宏伟的形式概括了哲学的全部发展"，探索和总结了人类理性的发展史。撰写19世纪哲学史的作者H.阿金说："在黑格尔的博大体系中，以往哲学的全部雏鸡都终于到家栖息了。"（《思想体系的时代》，光明日报出版社1989年版，第64页）这个生动的比喻，非常贴切地表达了黑格尔哲学在哲学史上的里程碑意义，也非常恰当地说明了黑格尔对人类理性的艰苦卓绝和成绩斐然的哲学探索。

翻阅黑格尔哲学探索的著作目录表，人们都会感到无比的震惊——震惊于这位思想巨人的巨大的思想成果，震惊于这些思想成果的巨大的理论魅力，震惊于这种理论魅力的跨越时代的熠熠光芒。我国当代哲学家叶秀山先生曾以"读那些总有读头的书"为题，这样评论黑格尔的著作：你可以不断地对这些著作提出问题，而这些著作总有话来回答你。

如果说在人类的思想史上真有所谓"百科全书式的人物"，那么，黑格尔受此殊荣则是当之无愧的。黑格尔在他的思想的一生中，为我们留下了《逻辑学》《精神现象学》《哲学史讲演录》《法哲学原理》《历史哲学讲演录》《美学讲演录》《宗教哲学讲演录》和《哲学全书》等一系列哲学巨著。

1807年出版的《精神现象学》，为我们展现了"意识"从自发到自觉的各个发展阶段，论述了"意识"获得科学以及知识向科学发展的发展史或形成史。因此，恩格斯说："精神现象学也可叫作同精神胚胎学和

精神古生物学类似的学说，是对个人意识及其发展阶段上的阐述，这些阶段可以看作人的意识在历史上所经历过的诸阶段的缩影。"（《马克思恩格斯选集》第4卷，第215页）与此同时，由于这部哲学巨著贯穿着"作为推动原则和创造原则的否定性的辩证法"，马克思说精神现象学是"黑格尔哲学的真正诞生地和秘密"。（《1844年经济学哲学手稿》，人民出版社1979年版，第112页）

1812—1816年间出版的《逻辑学》（后人称之为《大逻辑》，以区别于黑格尔的《哲学全书》中的第一部分"逻辑学"即《小逻辑》），是黑格尔最重要的代表作，也是对后世影响最大的著作。在这部哲学巨著中，黑格尔以"存在论""本质论"和"概念论"这样三大部分，以严格的逻辑推演的形式，向我们描述了"绝对精神"由"自在"到"自为"再到"自在自为"的辩证运动和辩证发展，为我们构建了一个庞大的概念辩证法体系，"全面地有意识地叙述"了"辩证法一般运动形式"。（参见马克思的《资本论》第二版的跋）

黑格尔的《哲学全书》分为三个部分，即"逻辑学"（《小逻辑》）、"自然哲学"和"精神哲学"。"逻辑学"部分在1817年出版，"自然哲学"和"精神哲学"在黑格尔逝世之后，由其门人在1842年和1845年先后整理出版。《小逻辑》的中文译者、我国当代著名哲学家贺麟先生说："《小逻辑》是黑格尔于最后十余年内随时留心增删，最足以代表他晚年成熟的逻辑系统的著作。这书可说是《大逻辑》的提要钩玄和补充发挥。它的好处在于把握住全系统的轮廓和重点，材料分配均匀，文字简奥紧凑，而义蕴深厚。初看似颇难解，及细加咀嚼，愈感意味无穷，启发人深思。"（《小逻辑》，商务印书馆1980年版，译者引言）

1821年出版的《法哲学原理》，中心内容是论述自由意识在社会生活中的体现过程。黑格尔在这部著作中提出，法律作为合理意志的反映，它的发展也像历史的发展一样，反映了现实通过实现自由而逐渐达到理性化的过程。与此同时，黑格尔提出，自由不是个人意志的反映，而是个人自动服从客观道德的普遍原则的反映，国家就是这种客观道德的普遍原则的体现。

1833—1836年间出版的《哲学史讲演录》，"以最宏伟的形式概括了哲学的全部发展"。这部"哲学史"是一部真正的"思想性的历史"。黑格尔不是把哲学史看成是独立的哲学体系的机械的总和，而是把哲学史看作是人类认识发展的历史与逻辑相统一的过程。黑格尔说："哲学史的过程并不昭示给我们外在于我们的事物的生成，而乃是昭示我们自身的生成和我们的知

识或科学的生成。""如果哲学有一个历史，而这历史只是一系列过去了的知识形态的陈述，那么在这历史里就不能够发现真理，因为真理并不是消逝了的东西。"这部中文版为四卷本的哲学巨著，是形成一种"建立在通晓思维的历史和成就的基础上的理论思维"（恩格斯语）的不可多得的、极可珍视的著作。

1835—1838年间，由黑格尔的门人分三卷整理出版的《美学讲演录》（中文版题为《美学》），系统地阐述了黑格尔的美学学说。黑格尔认为，艺术是"绝对精神"在感觉经验中的体现形式，美是主观和客观、形式和内容、理想和现实、自由和必然的辩证的统一。黑格尔在这部美学巨著中提出，美是心灵自由的需要，"人要把内在世界和外在世界作为对象，提升到心灵的意识面前，以便从这些对象中认识他自己。当他一方面把凡是存在的东西在内心里化成'为他自己的'（自己可以认识的），另一方面也把这'自为的存在'实现于外在世界，因而就在这种自我复观中，把存在于自己内心世界里的东西，为自己也为旁人，化成观照和认识的对象时，他就满足了上述那种心灵自由的需要"。

《历史哲学讲演录》是由黑格尔的门人在1837年整理出版的。黑格尔把历史导入他的逻辑学范围，把历史描述为行动的思维同现实之间的日益密切结合起来的过程，也就是他的"绝对精神"在人类发展的进程中愈来愈完善地实现自己的过程。在黑格尔看来，一般的叙事史罗列了大量的事实、众多的个人和无数相继发生的历史事件，反而使得历史本身变得杂乱无章和难以捉摸。他认为，"无疑，一个时代的杰出个人的特性，一般说来就反映了一个时代的总的精神，哪怕这些个人的特征不那么鲜明、突出，其中体现的时代精神也不那么充分。甚至少数事件的细节，只要是有影响的，无疑也常常鲜明地反映主观的特性，反映一个时代、一个民族、一种教育……然而，大部分其他事件则是多余的，把它们堆积在一起，只能干扰和混淆值得称之为历史的人和事；精神及其时代的基本特征永远存在于伟大的历史事件之中。"

黑格尔的辉煌巨著表明，他不仅是一位"百科全书式"的人物，而且是一位"具有世界史意义"的人物。在思想巨人黑格尔的思想海洋中，我们会看到一个"理性的世界"，会看到人类对"崇高的追求"，会获得"辩证的智慧"。而最为直接的，我们会同黑格尔一起去探索"哲学的奥秘"。

哲学的奥秘：品味黑格尔的比喻

> 真理的王国是哲学所最熟习的领域，也是哲学所缔造的，通过哲学的研究，我们是可以分享的。
>
> ——黑格尔

几乎所有的哲学家都认为，他们感到最为头痛和最难于回答的问题，就是问他们"哲学究竟是什么？"这正如黑格尔所说："哲学有一个显著的特点，与别的科学比较起来，也可以说是一个缺点，就是我们对于它的本质，对于它应该完成和能够完成的任务，有许多不大相同的看法。"（《哲学史讲演录》第1卷，第5页）

然而，回答"哲学究竟是什么"的问题，又不仅是哲学家们关注的首要问题，而且也是决定他们的哲学能否成为一种独特的哲学的根本问题。因此，每个真正的哲学家，又都有自己的独特的哲学观，从而形成了哲学史上的多姿多彩的哲学理论。正是这些多姿多彩的哲学理论，展现了人类自身的无限的丰富性、深刻性和可能性。也正因如此，我们认为，哲学是以时代性的内容、民族性的形式和个体性的风格去求索人类性的问题，并展现了人类生活的多重意义的世界。

那么，黑格尔究竟怎样理解哲学？他给我们提供了怎样的哲学观？让我们来品味一下黑格尔关于哲学的几个比喻。

关于哲学，黑格尔曾经做过许多生动形象而又耐人寻味的比喻。我们在这里主要来欣赏一下他关于"庙里的神""厮杀的战场""花蕾、花朵和果实""密涅瓦的猫头鹰""消化与生理学""同一句格言"和"动物听音乐"等7个比喻。仔细地品味这些比喻，认真地思考这些比喻，不仅会使我们了解黑格尔的哲学观，而且更重要的是会使我们自己进入真正的哲学思考，获得哲学的"爱智之忱"和哲学的辩证智慧。

← 黑格尔肖像

其一，"庙里的神"。

谁都知道，"庙"之所以为庙，是因为庙里有被人供奉的"神"；如果庙里无"神"，那也就不成其为"庙"。正是借用"庙"与"神"的关系，黑格尔说："一个有文化的民族"，如果没有哲学，"就像一座庙，其他方面都装饰得富丽堂皇，却没有至圣的神那样。"（《逻辑学》上卷，第2页）

按照黑格尔的比喻，"庙里的神"是使"庙"成其为庙的"灵光"，哲学则是使人类的"文化殿堂"和"精神家园"成其为文化殿堂和精神家园的"灵光"。这就是说，哲学，它就像普照大地的阳光一样，照亮了人类的生活；如果失去了哲学，人类的生活就会变得黯然失色。正因如此，黑格尔说："凡生活中真实的伟大的神圣的事物，其所以真实、伟大、神圣，均由于理念。"又说："人应尊敬他自己，并应自视能配得上最高尚的东西。"（《小逻辑》，第35、36页）

由此可见，黑格尔是把"哲学"视为对"崇高"的追求，并把哲学的"理念"视为"崇高"的存在。因此，在黑格尔"崇高"就是"理念"，"理念"即是"崇高"；对"崇高"的追求，就是对"理念"的认同，对"理念"的认同，也就是与"崇高"的同在。

这就不难理解，为什么黑格尔把哲学视为"理念"（即

"绝对精神"）的"自我运动"和"自我认识"，而把人们对哲学的学习视为"使人崇高起来"。这也就不难理解，为什么黑格尔把哲学比喻为"庙里的神"，认为哲学是照亮人类生活的"普照光"。

在黑格尔看来，人类应当追求高尚的东西，应当过一种高尚的生活。而这种"高尚的东西"，就是规范人类生活的"理性"。这样的"理性"，并不是个人的理性，而是一种"普遍理性"；这种"普遍理性"，需要一种特殊的文化形式，这就是"哲学"。哲学是照亮人类生活的"普照光"，也就是人类的文化殿堂和精神家园所以成其为"文化"和"精神"的"灵光"。正因如此，黑格尔把哲学比喻为"庙里的神"。

黑格尔对哲学的这种理解，最集中地表达了整个传统哲学对哲学的理解。当代美国哲学家理查德·罗蒂说："自希腊时代以来，西方思想家们一直在寻求一套统一的观念"，"这套观念可被用于证明或批评个人行为和生活以及社会习俗和制度，还可为人们提供一个进行个人道德思想和社会政治思考的框架。'哲学'（'爱智'）就是希腊人赋予这样一套映现现实结构的观念的名称"。（《哲学和自然之镜》，三联书店1987年版，第11页）由此我们可以看到，与希腊文化终生为伴的黑格尔，把哲学比喻为"庙里的神"，实质上是最为集中、

最为鲜明地表达了人们对哲学的传统理解——哲学是照亮人类生活、并从而"使人类崇高起来"的"普照光"。

其二,"厮杀的战场"。

阅读哲学史,人们不难发现一个奇特的现象:每个哲学家都自认为找到了"庙里的神",即认为自己发现了哲学的真谛;而其他的哲学家则批判和反驳对哲学的这种理解,并各自宣布自己所理解的哲学才是唯一真正的哲学;所以哲学家们总是互相批判,哲学的历史就是哲学家们互相讨伐的历史,也就是哲学自我批判的历史。

对此,现代德国哲学家石里克曾做过颇为精彩的描述。他说:"所有的大哲学家都相信,随着他们自己的体系的建立,一个新的思想时代已经到来,至少,他们已发现了最终真理。如果没有这种信念,哲学家几乎不能成就任何事情。例如,当笛卡尔引进了使他成为通常所称'现代哲学之父'的方法时,他就怀着这样的信念;当斯宾诺莎试图把数学方法引进哲学时,也是如此;甚至康德也不例外,在他最伟大著作的序言中,他宣称:从今以后,哲学也能以迄今只有科学所具有的那种可靠性来工作了。他们全都坚信,他们有能力结束哲学的混乱,开辟某种全新的东西,它终将提高哲学思想的价值。"正是针对这种状况，石里克还颇有见地地指出："哲学事业的特征是，它总是被迫在起点上重新开始。它从不认为任何事情是理所当然的。它觉得对任何哲学问题的每个解答都不是确定或足够确定的。它觉得要解决这个问题必须从头做起。"（转引自《哲学译丛》1990年第6期）

对于哲学史上的多样的哲学和分歧的思想之间的"彼此互相反对、互相矛盾、互相推翻"的"这个不可否认的事实"，黑格尔把哲学史比喻为一个"厮杀的战场"。他认为，如果只是看到"这个不可否认的事实"，"全部哲学史这样就成了一个战场，堆满着死人的骨骼。它是一个死人的王国，这王国不仅充满着肉体死亡了的个人，而且充满着已经推翻了的和精神上死亡了的系统。在这里面，每一个杀死了另一个，并且埋葬了另一个"。"这样的情形当然就发生了：一种新的哲学出现了，这哲学断言所有别的哲学都是毫无价值的。诚然，每一个哲学出现时，都自诩为：有了它，前此的一切哲学不仅是被驳倒了，而且它们的缺点也被补救了，正确的哲学最后被发现了。但根据以前的许多经验，倒足以表明《新约》里的另一些话同样地可以用来说这样的哲学——使徒彼德对安那尼亚说：'看吧！将要抬你出去的人的脚，已经站在门口。'且

看那要驳倒你并且代替你的哲学也不会长久不来，正如它对于其他的哲学也并不会很久不去一样。"（《哲学史讲演录》第1卷，第21—22页）

在这段议论中，黑格尔首先是承认了这样的事实，即哲学史充满着哲学思想的互相批判，而且这种相互批判永远也不会完结。但是，黑格尔认为，如果只是把哲学史看成"每一个杀死了另一个，并且埋葬了另一个"的历史，哲学史就失去了"发展"的意义。在黑格尔看来，哲学的自我批判，本质上是由于哲学的时代性所决定的。他说："妄想一种哲学可以超出它那个时代，这与妄想个人可以跳出他的时代，跳出罗陀斯岛，是同样愚蠢的。如果它的理论确实超越时代，而建设一个如其所应然的世界，那么这种世界诚然是存在的，但只存在于他的私见中，私见是一种不结实的要素，在其中人们可以随意想象任何东西。"（《法哲学原理》，第12页）正因为哲学是"思想中所把握到的时代"，表达新时代的哲学必然要通过对表达旧时代的哲学的批判而获得哲学的统治地位，由此便构成了哲学史的"厮杀的战场"。

其三，"花蕾、花朵和果实"。

究竟如何看待哲学思想之间的"厮杀"？这种"厮杀"的结果是不是"埋葬"了所有的哲学？我们来看

黑格尔的又一个比喻。

黑格尔说："花朵开放的时候花蕾消逝，人们会说花蕾是被花朵否定掉了；同样地，当结果的时候，花朵又被解释为植物的一种虚假的存在形式，而果实是作为植物的真实形式出现而代替花朵的。这些形式不但彼此不同，并且互相排斥，互不相容。但是，它们的流动性却使它们成为有机统一体的环节，它们在有机统一体中不但不互相抵触，而且彼此都同样是必要的；而正是这种同样的必要性才构成整体的生命。"（《精神现象学》上卷，第2页）

这是一个很美的比喻。花蕾孕育了花朵，花朵又孕育了果实；但花朵的怒放正是否定了花蕾，果实的结出也正是否定了花朵，由此看来，这个否定的过程，不正是以新的形式与内容肯定了先前的存在吗？如果这样来看哲学史，它就不再是一个"堆满着死人的骨骸"的战场，不再是一个徒然否定、一无所获的过程，而恰恰是一个"扬弃"的过程。结出果实的过程。这样理解的哲学史，才是哲学的发展史。

现代的哲学家们，特别是所谓"后现代主义"的哲学家，总是不断地宣称"拒斥""终结""消解""摧毁"以往的哲学，似乎哲学史真的只是一个"堆满死人的骨骸"的战场。仔细地品味一下黑格尔关于"厮

杀的战场"以及"花蕾、花朵和果实"这两个耐人寻味的比喻，我们就会从"间断"与"连续"的辩证统一中去理解哲学的历史。

不仅如此，黑格尔关于"花蕾、花朵和果实"的比喻，还会启发我们用"否定之否定"的观点去看待每个哲学体系自身的发展。在黑格尔自己的哲学体系中，每个概念都是作为"中介"而存在的，它否定了前面的概念，却又被后面的概念所否定。这就像花朵否定花蕾，花朵又被果实否定，而只有重新孕育花蕾，开放花朵，果实，才会呈现它真正的意义一样，使概念自身处于生生不已的流变之中，并不断地获得了愈来愈充实的内容。而这种概念自我否定的辩证运动，正是深刻地展现了人类思想运动的逻辑，哲学发展的逻辑。

其四，"密涅瓦的猫头鹰"。

许多人在谈论哲学的时候，都经常引用黑格尔的这个比喻。在黑格尔看来，哲学就像密涅瓦的猫头鹰一样，它不是在旭日东升的时候，在蓝天里翱翔，而是在薄暮降临的时候才悄然起飞。

这里的"密涅瓦"即希腊罗马神话中的智慧女神雅典娜，栖落在她身边的猫头鹰则是思想和理性的象征。黑格尔用密涅瓦的猫头鹰在黄昏中起飞来比喻哲学，意在说明哲学是一种"反思"活动，是一种沉思的理性。

按照黑格尔的说法，"反思"是"对认识的认识"，"对思想的思想"，是思想以自身为对象反过来而思之。如果把"认识"和"思想"比喻为鸟儿在旭日东升或艳阳当空的蓝天中翱翔，"反思"当然就只能是在薄暮降临时悄然起飞了。

当代著名哲学家维特根斯坦认为，人们的任何一种活动都可以说是一种游戏。游戏必须依据和遵循一定的规则。没有规则的游戏是无法进行的。所以，人们从事任何一种活动或学习任何一种知识，也就是掌握和运用某种游戏的规则。但是，规则又是必须不断更换的，否则就不会产生更好的"游戏"，就不会有科学发现、技术发明和艺术创新等等。哲学的"反思"，就是批判地考察各种"游戏"规则的活动。因此，它必须是以"游戏"的存在和某种程度的发展为前提，它只能是在"黄昏"中"起飞"。

黑格尔把哲学比喻为在黄昏中起飞的猫头鹰，还有一层更深的含义，这就是哲学的反思必须是深沉的，自甘寂寞的，不能搞"轰动效应"。黑格尔说："时代的艰苦使人对于日常生活中平凡的琐屑兴趣予以太大的重视，现实上很高的利益和为了这些利益而作的斗

争，曾经大大地占据了精神上一切的能力和力量以及外在的手段，因而使得人们没有自由的心情去理会那较高的内心生活和较纯洁的精神活动，以致许多较优秀的人才都为这种艰苦环境所束缚，并且部分地牺牲在里面。因为世界精神太忙碌于现实，所以它不能转向内心，回复到自身。"（《哲学史讲演录》第1卷，第1页）因此黑格尔提出："精神上情绪上深刻的认真态度也是哲学的真正基础。哲学所要反对的，一方面是精神沉陷在日常急迫的兴趣中，一方面是意见的空疏浅薄。精神一旦为这些空疏浅薄的意见所占据，理性便不能追寻它自身的目的，因而没有活动的余地。"（《小逻辑》，第32页）

哲学的反思需要"精神上情绪上深刻的认真态度"，需要从"日常急迫的兴趣"中超脱出来，需要排除"空疏浅薄的意见"，这就是黑格尔把哲学比喻为"黄昏中起飞的猫头鹰"的深层含义。

其五，"消化与生理学"。

列宁在阅读黑格尔的《逻辑学》一书时，写下了大量的读书笔记，其中就引证了黑格尔关于"消化与生理学"的比喻。列宁是这样写的：黑格尔"关于逻辑学说得很妙：这是一种'偏见'，似乎它是'教人思维'的（犹如生理学是'教人消化'的）"（参见列宁那么，黑格尔关于逻辑学的说法"妙"在哪里呢？人们常常以为逻辑学是"教人思维"的，这种想法或说法似乎并无毛病。然而，拿"消化"与"生理学"的关系来比喻"思维"与"逻辑学"的关系，人们就会发现把逻辑学看成是"教人思维"的该有多么荒唐。

谁都知道，人用不着学习"生理学""消化学"，就会咀嚼、吞咽、吸收、排泄；反之，如果有谁捧着"生理学"或"消化学"去"学习"吃饭，倒是滑天下之大稽。显然，"生理学"并不是"教人消化"的。同样，人的"思维"也不是"逻辑学""教"出来的。

按照黑格尔的看法，逻辑学是使人"自觉到思维的本性"，也就是自觉到思维运动的逻辑。人是凭借思维的本性去思维，但人并不能自发地掌握思维运动的逻辑。这正如人是凭借消化的本性去消化，但人并不能自发地掌握消化运动的规律一样。

思维运动的逻辑，是人类认识一切事物和形成全部知识的基础。正因如此，黑格尔把他的哲学视为关于真理的逻辑，并把他的最重要的哲学著作称为《逻辑学》。这种关于真理的逻辑，不是"教人思维"，而是展现人类思想发展的概念运动过程。人们通过研究思想运动的逻辑，才能自觉到概念运动的辩证本性，从而达到真理性的认识。

其六，"同一句格言"。

人们在生活中常常用格言来说明生活的意义。黑格尔认为，同一句格言，在一个饱经风霜、备受煎熬的老人嘴里说出来，和在一个天真可爱、未谙世事的孩子嘴里说出来，含义是根本不同的。黑格尔还具体地提到："老人讲的那些宗教真理，虽然小孩子也会讲，可是对于老人来说，这些宗教真理包含着他全部生活的意义。即使这小孩也懂宗教的内容，可是对他来说，在这个宗教真理之外，还存在着全部生活和整个世界。"（《小逻辑》，第423页）

黑格尔关于"同一句格言"的说法，会使我们想起辛弃疾的一首词。在《采桑子》这首词中，辛弃疾写道："少年不识愁滋味，爱上层楼，爱上层楼，为赋新诗强说

汉译世界学术名著丛书

逻辑学

上卷

[德] 黑格尔著

→黑格尔的学术著作《逻辑学》

愁。而今识尽愁滋味，欲说还休，欲说还休，却道'天凉好个秋'。"这大概就是老人与孩子对"愁"的不同感受与表达吧。黑格尔的这个比喻告诉人们，哲学不仅仅是一种缜思明辨的理性，而且是一种体会真切的情感，不仅仅是一系列的概念的运动与发展，而且是蕴含着极其深刻的生活体验。因此，真正地进入哲学思考，还必须要有中国传统哲学所提倡的体会、领悟、品味、咀嚼乃至顿悟。哲学不是现成的知识，不是僵死的概念，不是刻板的教条，学习哲学不能"短训"，不能"突击"，更不能"速成"。哲学是一个熏陶的过程，体验的过程，陶冶的过程，它是人把自己培养成人（而不是"某种人"）的"终身大事"。

其七，"动物听音乐"。

哲学不是现成的知识。如果把哲学当作现成的知识去接受和套用，虽然可以使用某些哲学概念，但却始终不知道哲学为何物，因而也不可能真正地进入哲学思考。这就"像某些动物，它们听见了音乐中一切的音调，但这些音调的一致性与谐和性，却没有透过它们的头脑"（《哲学史讲演录》第1卷，第5节）。

这个比喻也许过于刻薄了，但却尖锐而深刻地揭示了形成哲学智慧的艰难。黑格尔说："常有人将哲学这一门学问看得太轻易，他们虽从未致力于哲学，然

而他们可以高谈哲学，好像非常内行的样子。他们对于哲学的常识还无充分准备，然而他们可以毫不迟疑地，特别当他们为宗教的情绪所激动时，走出来讨论哲学，批评哲学。他们承认要知道别的科学，必须先加以专门的研究，而且必须先对该科学有专门的知识，方有资格去下判断。人人承认要想制成一双鞋子，必须有鞋匠的技术，虽说每人都有他自己的脚做模型，而且也都有学习制鞋的天赋能力，然而他未经学习，就不敢妄事制作。唯有对于哲学，大家都觉得似乎没有研究、学习和费力从事的必要。"（《小逻辑》，第42页）这样地"高谈哲学"，当然也就如同动物听音乐一样，可以听见"音乐中一切的音调"，但却听不到这些音调的"一致性与和谐性"。

仔细地品味黑格尔的这些关于哲学的比喻，我们起码可以得到这样一些初步的体会：哲学如同普照大地的阳光，它照亮了人类的生活世界，使得人类生活显现出意义的"灵光"；哲学作为"思想中所把握到的时代"，不同时代的哲学，以及同一时代的对生活意义具有不同理解的哲学，总是处于相互批判之中，哲学史便显得像一个"厮杀的战场"一样；哲学思想之间的相互批判，并不是一无所获的徒然的否定，而是如同"花蕾、花朵和果实"的自我否定一样，在否定中实现自身的发展，因而哲学的历史是哲学发展的历史；哲学是一种"反思"的智慧，它是"对认识的认识"，"对思想的思想"，它需要深沉的思考和深切的体验，因此它如同"密涅瓦的猫头鹰"一样，总是在薄暮降临时才悄然起飞；哲学智慧并不是"教人思维"，而是使人自觉到"思维的本性"，掌握思想运动的逻辑，从而获得真理性的认识：真正掌握哲学智慧，不仅需要缜思明辨的理性，而且需要体会真切的情感，需要丰富深刻的阅历，这就像"同一句格言"，在老人和孩子那里的含义不同一样；哲学不是现成的知识性的结论，如果只是记住某些哲学知识或使用某些哲学概念，那就会像"动物听音乐"一样，听到各种各样的"音调"，却听不到真正的"音乐"。

在黑格尔的这些比喻中，贯穿着一种"统一性"或"和谐性"，这就是作为生活的"普照光"的哲学，最根本的使命是"使人崇高起来"。崇高的追求，是黑格尔哲学的真正旨趣。

崇高的追求：黑格尔的哲学旨趣

> 人应尊敬他自己，并应自视能够配得
> 上最高尚的东西。
>
> ——黑格尔

从康德到黑格尔的德国古典哲学，是以思想深邃乃至思想晦涩而著称于世的。然而，人们又常常把德国古典哲学称作"浪漫主义哲学"。这是因为，德国古典哲学不仅把世界理解为充满活力的、有机的、发展的世界，而且把哲学视为"使人崇高起来"的事业。

在人类生活的价值座标上，崇高与渺小一向是对立的两极。崇高象征着真善美，渺小则意味着假恶丑。

→ 德国海德堡大学

追求崇高的理想，献身崇高的事业，完善崇高的人格，臻于崇高的境界，这是人生最高的意义与价值。从康德到黑格尔的德国古典哲学，都把象征真善美的崇高作为哲学的追求目标，黑格尔则要为明确地把追求崇高作为哲学的根本旨趣。

1816年10月28日，在海得堡大学的演讲词中，黑格尔就明确地提出："追求真理的勇气和对于精神力量的信仰是研究哲学的第一个条件。人既然是精神，则它必须而且应该自视配得上最高尚的东西，切不可低估或小视他本身精神的伟大和力量。人有了这样的信心，没有什么东西会坚硬顽固到不对他展开。那最初隐蔽蕴藏着的宇宙本质，并没有力量可以抵抗求知的勇气；它必然会向勇毅的求知者揭开它的秘密，而将

← 德国洪堡大学即前柏林大学

它的财富和宝藏公开给他，让他享受。"

1818年10月22日，在柏林大学的演讲词中，黑格尔不仅重申了上述观点，而且热情洋溢地"特别呼吁青年的精神，因为青年是生命中最美好的一段时间，当没有受到迫切需要的狭隘目的系统的束缚，而且还有从事于无关自己利益的科学工作的自由"，"一个有健全心情的青年还有勇气去追求真理"。"举凡一切维系人类生活的，有价值的，行得通的，都是精神性的。而精神世界只有通过对真理和正义的意识，通过对理念的掌握，才能取得实际存在"。

黑格尔的这些演讲表明，他特别重视人的精神力量，尤其是人的精神追求真理和正义的力量。在他看来，真正的崇高，只能是对真理的追求；对真理的追求，只能是依赖于精神的力量；而精神追求真理的过程，也就是人使自己崇高起来的过程。

黑格尔的这种"浪漫主义"的哲学思想，深层地来源于法国大革命的影响。在黑格尔看来，法国大革命代表了理性和真理的胜利，代表了精神自由的原则。这场大革命意味着从两个方面改造了世界：其一，作为人民意志的反映，这场大革命超越了当时的现实，即摆脱了旧的经济社会制度；其二，这场大革命通过宣扬国民的理想而超越了人的利己主义的特性，使人

← 讲学中的黑格尔

们将自己的私人利益从属于公共利益，即要求人们为了更高尚、更崇高的生活方式而抛弃利己主义。（参见科尔纽：《马克思的思想起源》，第11页）

这种使个人同民族和国家相结合，从而使人崇高起来的思想，在法国大革命中是以具体的社会、经济和政治问题的方式提出来的。而在德国古典哲学中，则是以哲学问题的方式提出来的。德国古典哲学家把行动变成思想，把要求变成原则，从而构成了马克思所说的"法国革命的德国理论"。

1803年10月28日，黑格尔在致尼特梅尔的信中就提出："现在我越来越确信理论工作比实际工作对世界的影响更大；我们的观念领域一旦革命化，现实就必然会随着前进。"但同时，黑格尔又特别注重思想与现实的"和解"，竭力使精神的东西变成现实的存在，因此

他以"思维和存在的同一性"作为他的哲学主题。

这表明，黑格尔的哲学思想不仅从法国大革命那里受到启发，也从英国的经济发展那里受到启发。在他看来，法国大革命和英国的经济发展，都是人类的精神力量在改造世界和使世界理性化方面的杰出范例。在法国和英国，理性活动是同具体的生活，即同经济、政治和社会的制度密切联系在一起的；而在当时落后的德国，黑格尔却不得不主要从精神的角度去激励人们对崇高的追求。正因如此，黑格尔把人的活动归结为精神的活动，把人的力量归结为精神的力量。

在人的精神活动和精神力量中，黑格尔又特别重视追求真理的科学活动，特别强调寻求普遍必然性的科学力量。因此黑格尔认为，"主体"并不是"能思者"（思想着的人），而是"能思者的思维"（人类的思维）。这样，他就把思维的"主体"由个体的思维转换成人类的思维，用人类思维的普遍性来"消解"个体思维的有限性。同时，他又认为，思维的历史并不是获得关于事物的具体认识，而是个体理性在精神的历程中达到与"普遍理性"的融合。这样，他又把思维的历史性转换成精神的历程性，用人类精神的历程性来"消解"思维认识现实的过程性。

经过对"个体理性"和"历史理性"的双重转换

与消解。人的精神活动和精神力量就变成了"普遍理性",也就是黑格尔所说的"绝对理念"。这样,人对真理和崇高的追求,就变成了人对"普遍理性"即"绝对理念"的认同;"绝对理念"就变成了真理和崇高。正因如此,黑格尔提出:"凡生活中真实的伟大的神圣的事物,其所以真实、伟大、神圣,均由于理念。哲学的目的就在于掌握理念的普遍性和真形相。"(《小逻辑》,第35页)

关于黑格尔哲学,人们经常谈论它的二重性,即:一方面,它把整个自然、历史和精神的世界理解并描述为一个过程,因而是一种自觉的、丰富的、深刻的辩证法理论;另一方面,它又把这个辩证过程说成是"绝对理念"自我运动和自我认识的过程,因而又是一种彻底的、神秘的、荒谬的唯心主义

康德,德国古典哲学的创始人,唯心主义,不可知论者,德国古典美学的奠定者。

理论。

对此，人们常常感到大惑不解：为什么作为辩证法大师的黑格尔，却偏偏"制造"了彻底的唯心主义哲学？或者反过来说，为什么这种彻底的唯心主义哲学，会包含极为丰富的辩证法理论？

应该看到，黑格尔哲学的唯心主义体系与辩证法内容的矛盾，只是黑格尔哲学的矛盾形态，而不是构成这种矛盾形态的根据。造成黑格尔哲学的这种矛盾形态的根据是：从理论与现实的矛盾上看，当时落后的德国还只能从精神上去表达变革现实的渴望与要求；而从理论自身的矛盾上看，则根源于黑格尔所代表的整个传统哲学的两极对立的思维方式。

传统哲学在两极对立的思维方式中，总是企图获得一种绝对的、确定的、终极的真理性认识，总是把"崇高"视为某种超出人类或高于人类的东西。传统哲学向自己提出的问题是：什么是绝对之真？什么是至上之善？什么是最高之美？在传统哲学看来，只有当哲学为人类找到这种绝对之真、至上之善和最高之美，人类才能达到"崇高"的境界。

这在致知取向上，就是固执于对绝对之真的追求；在价值取向上，就是执着于对至上之善的向往；在审美取向上，就是沉缅于对最高之美的幻想。而从根本的思维方式上看，则是把世界分裂为真与假、善与恶、美与丑的非此即彼、抽象对立的存在。

在黑格尔的哲学中，以最宏伟的形式总结了传统哲学的全部发展，也把传统哲学对绝对之真、至上之善和最高之美的追求推到了顶峰。黑格尔的"绝对理念"就是这种绝对的、至上的、最高的真善美，也就是崇高。这既表现了黑格尔对崇高的炽烈而执着的追求，又造成了黑格尔哲学自身无法解脱的内在矛盾。

哲学史是人类的艰难而曲折的自我认识的思想史。每个时代的真正的哲学，都是自己时代精神的精华，都是思想中所把握到的时代。有人曾对西方哲学做出这样的概括：文艺复兴时期是"冒险的时代"；17世纪是"理性的时代"；18世纪是"启蒙的时代"；19世纪则是"思想体系的时代"。在黑格尔的哲学中，既以"理性"和"启蒙"的精神去激励人们对崇高的追求，又以"思想体系"的形式去展现人类追求崇高的艰难历程。"不幸和努力是结合在一起的，没有这种结合，就没有深刻的生活。基督的形象就是结合的象征。这一思想构成了黑格尔体系的基础。"（科尔纽：《马克思的思想起源》，第17页）由此我们就可以懂得，为什么黑格尔把人类对崇高的追求，看成是个体理性对"绝对理念"的认同。

最高的真理：黑格尔的绝对理念

> 理念就是自在而自为的真理。
> ——黑格尔

在阅读哲学著作时，我们会发现：每一种哲学，都有它独特的核心概念：正是这个核心概念，构成了这种哲学的独特思想。

在解释哲学思想时，我们又会发现：对每一种哲学的解释，都取决于对它的核心概念的理解；对一种哲学的核心概念的理解不同，就会对该种哲学作出迥然不同甚至是截然相反的解释。

大家知道，庞大的黑格尔哲学体系的核心概念是"绝对理念"。正是这个核心概念，构成了黑格尔哲学体系的基础；也正是对这个核心概念的不同理解，造成了对黑格尔哲学的不同解释和不同评价。因此，谁有志于探索黑格尔的哲学世界，谁就必须首先探索黑格尔的"绝对理念"。

阅读黑格尔的哲学著作，应该说是非常困难的，连列宁都说读黑格尔的著作是"引起头痛的最好办法"（参见列宁《哲学笔记》，第187页）。这种困难首先就在于，"绝对理念"是贯穿于黑格尔哲学的核心概念，是照亮整个黑格尔哲学的"普照光"，然而人们却很难把握和理解这个"绝对理念"。这样一来，黑格尔哲学就变得黯然失色和晦涩难懂，人们就感到黑格尔哲学玄虚抽象甚至是不知所云了。

如果仅仅从词义上看，"绝对"与"理念"都不难理解。"理"是指"真理"，"念"是指"概念"，"理念"就是"真理的概念"。在"理念"之前冠以"绝对"，就是"绝对的真理概念"，也可以简称为"绝对真理"。

黑格尔自己也说，"理念"就是"理性的概念""真理的概念"，"在意识中、在思想中的真理"。那么，为什么黑格尔不用人们所熟知的"真理"这个概念，而偏偏用人们难以把握的"理念"这个概念，特别是在"理念"之前冠以"绝对"，用"绝对理念"来作为他的哲学的核心概念？显然，黑格尔绝不是在故弄玄虚，而是因为他以整个的哲学史为背景，对哲学作出了独到的解释。这种独到的解释，对于我们理解黑格尔哲学乃至整个哲学是至关重要的，或者也可以反过来说，不理解这种独到的解释，我们就无法理解黑格

尔哲学乃至整个哲学。探索黑格尔的"绝对理念"，是"引起头痛的最好办法"，也是真正进入哲学思考的"不二法门"。黑格尔认为，"绝对理念"并不是一般意义上的真理，而是"哲学的真理"。这种哲学的真理，是关于"思维和存在的同一性"的真理，是关于人类思想运动的逻辑基础的真理，是超越个体理性的关于"普遍理性"的真理。为了理解这种哲学的真理即"绝对理念"，我们首先必须了解哲学的思维方式。

黑格尔非常明确地提出："哲学乃是一种特殊的思维方式。"对此，他解释说："在这种方式中，思维成为认识，成为把握对象的概念式的认识。所以哲学思维无论与一般思维如何相同，无论本质上与一般思维同是一个思维，但总是与活动于人类一切行为里的思维，与使人类的一切活动具有人性的思维有了区别。"（《小逻辑》，第38页）

那么，哲学思维与一般思维的区别究竟在哪里？黑格尔说："精神，作为感觉和直观，以感性事物为对象；作为想象，以形象为对象；作为意志，以目的为对象。但就精神相反于或仅是相异于它的这些特定存在形式和它的各个对象而言，复要求它自己的最高的内在性——思维——的满足，而以思维为它的对象"。（《小逻辑》，第51页）让我们一起来分析黑格尔的这段论述。

　　人的精神活动是多种多样的，人的精神世界是丰富多彩的。按照黑格尔上述的说法，人的精神活动起码可以分为"感觉和直观""想象"和"意志"。这些不同的精神活动，有各自不同的对象，并构成各种各样的表象。在感觉和直观中，精神的对象是客观存在的各种事物，从而形成关于事物的表象；在想象中，精神的对象是主观构建的各种形象，从而形成关于这些形象的表象；在意志活动中，精神的对象是人的各种目的性要求，从而形成人所要求的世界的表象。

　　在"非哲学思维"即"一般思维"中，人们通常认为，这些"表象"如果达到了"主观与客观的符合"

← 德国的古老民居

或"主观与客观的统一"，就是实现了"对客观事物及其发展规律的正确反映"，也就是获得了"真理"。但黑格尔认为，这样的"真理"并不是"哲学的真理"。正因如此，黑格尔才用"绝对理念"作为他的哲学的核心概念，而不是一般地使用"真理"作为他的哲学的核心概念。

在黑格尔看来，把哲学的真理混同于一般人所理解的"真理"，是因为人们总是用"一般思维"去代替"哲学思维"，从而在自以为是的哲学思考中，却陷入了两种错误的思维方式。这就是黑格尔所批评的"表象思维"和"形式思维"。

黑格尔说："表象思维的习惯可以称为一种物质的思维，一种偶然的意识，它完全沉浸在材料里，因而很难从物质里将它自身摆脱出来而同时还能独立存在。与此相反，另一种思维，即形式推理，乃以脱离内容为自由，并以超出内容而骄傲。"（《精神现象学》上，第40页）我们再来分析一下黑格尔的这段论述。

所谓"表象思维"或"物质思维"，就是思想围绕"表象"和"对象"旋转的思维方式，就是"概念"依附于"表象"和"对象"的思维方式，就是一种消极被动的客体性原则的思维方式。在这种思维方式中，思想是以关于对象的表象为对象，而不是思想以自身为对象，因而不是黑格尔所说的"对认识的认识""对思想的思想"的"反思"。

比如，在这种"表象思维"中，认识的主体看到桌子就在头脑中形成"桌子"的表象，看到椅子就在头脑中形成"椅子"的表象。这样，思想就变成了围绕表象旋转的"偶然的意识"，概念就变成了依附于表象的"名称"，而整个的思想就"完全沉浸在材料里"，因此不可能形成哲学的真理。

在黑格尔看来，哲学的真理，是关于思维本性的真理、概念本性的真理。思维或概念的本性，是人类思想运动的逻辑，是构成全部知识的逻辑基础。人们自觉到思维和概念的本性，才能够合乎逻辑地建构各种知识体系，这就要求人们超越表象思维，达到对思维或概念的"反思"。

所谓"形式思维"，就是以抽象的精神活动去实现思想的自我联系，而不是以概念之间的客观联系去展现思想的自我发展，因而是一种空洞的主体性原则。在这种思维方式中，思想以"超出内容而骄傲"，而不是以思想自身为对象，因而也不是黑格尔所说的"对认识的认识""对思想的思想"的"反思"。

正是针对这两种思维方式，黑格尔提出，哲学的思维方式，是一种必须把思想沉入概念，让概念按照

它的本性而自行运动，并从而考察这种运动的思维方式。由此而形成的关于人类思想运动的逻辑的真理，才是哲学的真理。

应当承认，即使我们对"哲学思维"与"一般思维""哲学真理"与"一般真理"进行了以上的比较和分析，人们也仍然难以把握黑格尔关于"绝对理念"的思想。对此，黑格尔本人也是非常清醒的。他说："人们通常抱怨说，即使一个人具备了理解哲学著作的一切其他文化条件，仍然感到哲学著作不好懂，像这样的抱怨所以产生，绝大部分是由于上述的那种很不习惯的阻抑。"（《精神现象学》上，第43页）这种"很不习惯的阻抑"，就是只习惯于"表象思维"和"形式思维"，而不习惯于"哲学思维"。对此，黑格尔同样清醒地指出："由于求知者没有耐心，亟欲将意识中的思想和概念用表象的方式表达出来。""意识一经提升到概念的纯思的领域时，它就不知道究竟走进世界的什么地方了。"（《小逻辑》，第41页）也许可以这样说，要想弄懂黑格尔的"绝对理念"及其哲学，"头痛"是一个必不可少的前提。

那么，就让我们忍住"头痛"，具体地分析黑格尔"绝对理念"的基本内涵。

理性的世界：黑格尔的哲学体系

> 哲学是没有时间性的理解活动。
>
> 哲学用以观察历史的唯一思想便是理性这个简单的概念：
>
> 理性是世界的主宰，因而世界历史过程是合理地发生的。
>
> ——黑格尔

阅读黑格尔的著作，人们会发现，他常常把"绝对理念"说成是"上帝"。由此便产生了一个根本性的误解，即把黑格尔的"绝对理念"看成是"创造世界"的"上帝"，并把理性主义的黑格尔哲学看成是神秘主义的宗教。

其实，作为近代启蒙思想理论总结的黑格尔哲学，是反对宗教和教会的。青年黑格尔就对基督教采取坚决的批判态度，认为基督教是一种"反自然"和"超自然"的实质性的宗教，认为宣传这种实质性宗教，就是让人们丧失理性、丧失自由、抛弃意志自决、从属于一种异己的势力和强制的奴役人们的权力。他认为"一切情欲、权力欲、贪欲、欺诈、使用暴力、掠

夺、残杀、嫉妒、仇恨，所有这一切粗糙的罪恶，教会都莫不应有尽有"（《哲学史讲演录》第3卷，第273页）。

直到晚年，黑格尔在讲授宗教哲学时，还对宗教的"上帝"进行十分辛辣的嘲讽："神父布里斯昨天向我谈了敬爱的上帝的伟大！我忽发奇想，敬爱的上帝可能管每只麻雀、每只金翅雀、每只红雀、每只虱螨、每只蠓虫，都叫得出它们的名字……想想吧！每个蠓虫彼此是如此相似，以致人们可以发誓说，它们都是兄弟姊妹，而敬爱的上帝居然叫得出它们每一个的名字！"。（参见阿·古留加《黑格尔小传》，第144页）

黑格尔的研究者认为，"关于神性的传统观念，黑格尔不论在青年还是在老年时期，都是加以拒绝的"。（米·费·奥甫相尼科夫《黑格尔哲学》，第344页）既然如此，为什么黑格尔自己却把"绝对理念"说成是"上帝"呢？对此，恩格斯曾经深刻地指出："要知道，当这个黑格尔发现，他借助理性不能得到另一个凌驾于人之上的真正的上帝时，他是多么为理性而感到自豪，以致他干脆宣布理性为上帝。"（《马克思恩格斯选集》第4卷，第211—212页）

在西方社会中，"上帝"观念的影响是巨大的。"上帝"不仅是世界的"造物主"，而且是人的一切思想与行为的最高的裁判者。黑格尔借用"上帝"来比喻"绝对理念",是为了彰显"普遍理性"的至高无上的地位,或者用恩格斯的话说,就是"干脆宣布理性为上帝"。

在黑格尔那里,"绝对理念"作为"上帝"一样的"理性",它具有如下的基本内涵。

其一,"全体的自由性"。

古希腊以来的西方传统哲学,一直是以"寻取最

←马克思和恩格斯都极其珍视黑格尔的哲学遗产

高原因的基本原理"为使命，力图以这种"基本原理"去解释世界上的一切现象，以及关于这些现象的全部知识。这就是黑格尔所说的思维把握和解释世界的"全体的自由性"。

黑格尔认为，他以前的哲学，或者仅从思维的主观性去看待这种"全体的自由性"，结果只能是抽象的思想的自我联系；或者仅从思维的客观性去看待这种"全体的自由性"，结果又只能是跟在事物后面去认识事物的各种规定性，因而也就永远也无法达到这个目的。

正是基于这种认识，黑格尔提出，哲学的任务既不是驰骋思想的自由想象，也不是约束思想去认识具体的事物，而是反思"思维和存在的同一性"，也就是确认思维本性与事物本性的一致性，即探索思维和存在所服从的同一规律。

那么，究竟如何确认"思维和存在的同一性"？黑格尔说："自然界不能使它所含蕴的理性得到意识，只有人才具有双重的性能，是一个能意识到普遍性的普遍者"。（《小逻辑》，第81页）这就是说，自然界虽然有规律，但它却没有关于自己运动规律的意识；人则不仅遵循着运动规律，而且还能意识到这些规律；意识到这种规律的思维，它作为超越个体理性的"普遍理性"，就是思维把握和解释世界的"全体的自由性"。

正因如此，黑格尔认为，哲学的任务，就是"思维以自己为对象，反过来而思之"，也就是"反思"。人通过对思维的反思，自觉到思维的本性，就实现了"全体的自由性"。

其二，"原理的统一性"。

思维反思自己的目的，是为了认识思维和存在所服从的同一规律。黑格尔说："要这样来理解那个理念，使得多种多样的现实，能被引导到这个作为共相的理念上面，并且通过它而被规定，在这个统一性里面被认识。"（《哲学史讲演录》第2卷，第385页）这就是说，"绝对理念"是人类把握全部现实的一种"统一性原理"。这个统一性原理，就是人类思想运动的逻辑。人们按照这个思想运动的逻辑去把握现实，就能够为思想充实任何真理性的内容。正因如此，黑格尔把全部科学都视为"应用逻辑"，而把哲学视为"一般逻辑"，并把他的最重要的哲学著作称作《逻辑学》。

黑格尔把哲学归结为人类思想运动的逻辑，首先是根源于他对自己的时代——思想体系的时代——的深刻反省。恩格斯曾经说过，18世纪的科学是"搜集"材料的科学，而19世纪的科学则是"整理"材料的科学。在大量地"搜集"材料的基础上，各门科学通过

"整理"材料来建立各自的科学体系。这就是所谓"思想体系的时代"。而要建立科学体系、思想体系，就必须探索思想运动的逻辑、概念发展的逻辑。这是时代向哲学提出的历史任务。黑格尔把哲学归结为人类思想运动的逻辑，并以《逻辑学》的形式去构建了概念发展的辩证法，正好表明黑格尔哲学的确是"时代精神的精华"。

黑格尔把哲学归结为人类思想运动的逻辑，还在于他批判地总结了以往的哲学。恩格斯说："全部哲学，特别是近代哲学的重大的基本问题，是思维和存在的关系问题。"（《马克思恩格斯选集》第4卷，第219页）以往的哲学，或者把思维和存在的关系问题归结为意识内容和感性对象的统一，或者否认思维规律与存在规律具有同一性。前者如18世纪的法国唯物论，后者如德国古典哲学奠基人康德的先验论。黑格尔认为，这两种哲学的根本问题，就在于没有意识到人类思想运动的逻辑正是思维与存在的"统一性原理"。因此，黑格尔以"绝对理念"的自我运动来展现人类思想运动的逻辑，即思维和存在所服从的同一规律。

其三，"逻辑的先在性"。

传统哲学对思维的"全体自由性"的追求，总是先把"思维"和"存在"分割开来，然后再以某种方式把它们统一起来。黑格尔则认为，思维和存在必须首先是自在地统一的，然后才能有自为的统一。这就是黑格尔提出的"绝对理念"的"逻辑先在性"。

所谓"绝对理念"的"逻辑先在性"，是指"绝对理念"首先是自在地内蕴于人类思维和客观事物之中。不管个体理性是否自觉到思维的和事物的本性，它们的本性都是自在的，并且是统一的。因此，"逻辑先在性"，并不是说"绝对理念"超然于世界之上或游荡于世界之外，而是说"绝对理念"在被个体理性自觉到之前，它就自在地存在着。正因为"绝对理念"只有在人类思维的反思中才能被自觉到，所以个体理性在自觉到自己的本性之前，只能是一种逻辑上的即思维判断上的存在。这就不难理解，为什么黑格尔一再强调，哲学层面的逻辑学不是"教人思维"的，而是使人自觉到"思维本性"的。如果对黑格尔所说的绝对理念的逻辑先在性予以唯物主义的理解，其真实意义是显而易见的。对于思维与存在的关系，恩格斯曾做过这样的论述："我们的主观的思维和客观的世界服从于同样的规律，因此两者在自己的结果中不能互相矛盾，而必须彼此一致，这个事实绝对地统治着我们的整个理论思维。它是我们的理论思维的不自觉的和无条件的前提。"（《马克思恩格斯选集》第3卷，第564

页）在这里，恩格斯不仅把思维和存在的自在的统一性作为人类认识和理论思维的"前提"，而且还特别地强调了这个前提的无条件性。

在黑格尔看来，是否承认绝对理念的逻辑先在性，对哲学理论来说是至关重要的。康德之所以否认思维与存在的同一性，就在于他把思维看成只是"主观的""我们的"思维，并认为"我们的"思维与"物自体"之间有一个无法弥合的鸿沟。肯定思维和存在的同一性，就必须承认"我们的"思想不仅是"主观的"，而且是关于"事物的"思想。

黑格尔强调绝对理念的逻辑先在性，其主要目的有三：第一，思维和存在之所以能够在人类思想的进程中自为地实现统一，其根源在于它们自在地就是统一的。或者反过来说，如果没有思维与存在的自在的统一，就不会有它们在人类思想进程中的自为的统一；第二，人类思想进程中所实现的思维与存在的统一，是把自在的统一升华成自为的统一，也就是把潜在的统一转化成现实的统一，因而人类思想是一个辩证的发展过程；第三，哲学的任务就是使人们自觉到思维的本性，按照思维自己构成自己的道路去实现思维与存在的自在自为的统一。

由此可见，所谓绝对理念的逻辑先在性，或者说思维和存在的自在的统一，并不是说思维预先地包含了存在的具体内容，而是说思维和存在服从于同一规律，思维的本性与存在的本性是一致的。哲学通过对思维的"反思"，把思维与存在的自在的同一性实现为自在而又自为的同一性，就以理论形态表达了人类思想运动的逻辑，并为全部科学构建概念的逻辑体系提供了逻辑基础。

其四，"内在的否定性"。

绝对理念为什么必然地由自在的、潜在的存在转化成自为的、现实的存在，并最后达到自在自为的存在？对此，黑格尔明确地回答：绝对理念具有内在的否定性。正是这个思想，形成了黑格尔的概念发展的辩证法，并使黑格尔哲学的"理性的世界"成为概念辩证运动和辩证发展的世界。对此，我们将在"辩证的智慧：黑格尔的矛盾思维"中详加介绍。

其五，"概念的系统性"。

黑格尔认为，人类认识和人类思想的发展过程，是一个思想由抽象到具体、由空洞到丰富的过程，也就是一个由低级的概念到高级的概念的发展过程。

这个概念的发展过程，表达了人类认识和人类思想的拓宽与深化。所以，任何一门科学的理论体系，它的概念都不能是任意的排列组合，而必须符合人类

思想运动的逻辑、概念发展的逻辑。

对于那些随意排列组合概念的理论体系，黑格尔曾辛辣地称之为"散漫的整体性"。就是说，这些理论体系，看起来有章、有节、有目，有纵、有横、有合，但却不符合人类思想运动的逻辑。黑格尔认为，他的哲学的直接任务，就是要以概念辩证发展的体系来展现人类思想运动的逻辑、为建立各门科学体系提供一种哲学的逻辑基础。应该说，黑格尔为自己的哲学所提出的这个任务，确实是表现了"思想体系的时代"的时代精神。

其六，"历史的思想性"。

在黑格尔看来，哲学史是哲学思想发展的历史，哲学体系是历史发展的哲学思想，二者的实质内容，都是表达人类思想运动的逻辑。不仅如此，黑格尔还认为，人类的历史最根本的是人类思想发展的历史，人类的现实最根本的也是人类思想的现实。所以，他把人类的历史和现实描述为一个"理性的世界"。

让历史和现实屈从于"逻辑"，这表明了黑格尔哲学的唯心主义实质；试图从历史和现实中寻求人类自身及其思想发展的逻辑，并把这个逻辑展现为辩证的发展过程，又构成了黑格尔的概念发展的辩证法。

辩证的智慧：黑格尔的矛盾思维

> ……理论思维仅仅是一种天赋的能力。这种能力必须加以发展和锻炼，而为了进行这种锻炼，除了学习以往的哲学，直到现在还没有别的手段。
>
> ——恩格斯

讲述黑格尔，就必须谈论辩证法；谈论辩证法，就必须讲述黑格尔。黑格尔的名字是同辩证法联系在一起的。

在黑格尔看来，哲学是围绕思维和存在的关系问题旋转的，而哲学要回答这个问题，就必须有自己的特殊的方法，这个方法就是辩证法。

黑格尔提出，如果我们只是认识某种对象，而不去"反思"我们的认识与认识对象的关系，那么，我们仅仅使用"知性思维"就够用了。比如，我们说"这是桌子""那是椅子""这是男人""那是女人"，这就是所谓"知性思维"。

然而，如果我们从"思维和存在的关系"提出问题，我们就会问自己：为什么我们会把"这个东西"

称作"桌子"，而把"那个东西"称作"椅子"？当着我们把"这个东西"称作"桌子"的时候，这究竟意味着什么？我们为什么能够判断"桌子"与别的"东西"的区别？我们为什么能够断定这张"桌子"的真与假、好与坏、美与丑？我们为什么能够制造出比这张"桌子"更高级的"桌子"？

如果认真地加以思考，我们就会提出哲学所研究的"思维和存在的关系问题"：首先，我们把面前的"这个东西"称作"桌子"，就构成了"桌子"的存在与关于"桌子"的观念之间的关系，也构成了"我们"与"桌子"之间的主体与客体之间的关系；其次，当我们说"这个东西"是"桌子"的时候，在我们的观念中，不仅是形成了"这个东西"是不是"桌子"的真与假的判断，而且还形成了这张"桌子"好与不好、美与不美的价值判断和审美判断。所以，在"这是一张桌子"的最简单的判断中，已经包含着真与假、好与坏、美与丑的无限丰富的矛盾关系；再次，当着我们把面前的"这个东西"称作"桌子"的时候，并不意味着我们只是把"这个东西"认定为"桌子"。恰恰相反，我们是把所有的"这类东西"都认定为"桌子"。这就是说，我们所使用的任何概念，都是个别与一般、个性与共性的对立统一；最后，我们之所以能够不断地创造出越来越高级的"桌子"，是因为我们的"思维"能够在观念中创造出人所要求的"存在"。这就是理想与现实的矛盾关系。

通过上面的分析，我们会发现，人们总是使用两种不同的思维方式去思考问题。如果不去"反思"思维和存在的关系问题，我们就是使用"知性思维"去断言"这是什么""那是什么"。然而，一旦我们去"反思"思维和存在的关系问题，就必然会出现主体与客体、个别与一般、理想与现实以及真与假、好与坏、美与丑等矛盾。要回答和解决这些矛盾，就必须超越"知性思维"，而必须运用"辩证思维"。正因如此，黑格尔认为，哲学的方法只能是辩证法，哲学的任务就是为人们提供理论化的辩证思维方式。

辩证法是关于"矛盾"的学说，是研究"矛盾"的方法，是把握"矛盾"的思维方式。黑格尔的辩证智慧，集中地表现为他对"矛盾"的理解与阐述，特别是他对"概念"的矛盾本性的理解与阐述。正是通过建构概念辩证法，黑格尔向人们论述了人类思想运动的逻辑。

《逻辑学》是黑格尔的最重要的代表作。在这部哲学巨著中，黑格尔把"思维和存在"的统一分为三大层次，并相应地把这部巨著分为三大部分，具体地

论述了辩证法的思维方式。

第一部分称为"存在论"。黑格尔说，这个部分是关于"思想直接性"的学说，也就是关于"自在的或潜在的概念的学说"。在这种"思想直接性"中，思维围绕着表象旋转，概念之间的关系是从一个概念过渡到另一个概念的"过渡关系"。比如说，我们说"这是一张桌子"，"那是一把椅子"，"桌子"和"椅子"的概念都是围绕"表象"旋转的，它们之间是一种"过渡"关系。在这种"表象思维"中，桌子就是桌子，椅子就是椅子，还没有"反思"思维和存在的关系问题，因此也没有形成"矛盾"观念。

第二部分称为"本质论"。黑格尔说，这个部分是关于"反映他物之有"的学说，也就是关于"自为的或矛盾的概念的学说"。在这个部分，不是思维围绕表象旋转，而是思维扬弃了表象，指向了对象本质自身的关系，所以概念之间不再是"过渡关系"，而是一种"相互规定"的关系，所以必然形成"矛盾观念"。比如，在"存在论"中，思维围绕表象旋转，见到"桌子"就形成"桌子"观念，见到"椅子"就形成"椅子"的观念，不存在"矛盾"问题。而在"本质论"中，思维扬弃了表象，把"桌子""椅子"的观念作为"反思"的对象。于是，就出现了"矛盾"观念：我为什么把"这个东西"称作"桌子"而把"那个东西"称作"椅子"？"桌子"与"椅子"是什么关系？在这里，"桌子"和"椅子"是在相互规定中而获得自身的规定性；或者说，离开这种相互规定，就没有自身的规定。

为了说明这个问题，黑格尔还举了一个非常通俗易懂的例子。他说："父亲是儿子的另方，儿子又是父亲的另方，而每一个父亲或儿子都只是另方的另方；同时每一个规定所以存在，只是由于它同另方发生关系。它们的存在是统一的存在。"试想一下，上下、前后、左右、生死、荣辱、福祸、真假、善恶、美丑、兄弟、姐妹、夫妻……不都是"对立统一"的存在吗？离开自己的他方，又如何有自己的规定呢？所以，在进入"本质"的思考时，思维必陷入"矛盾"，也必须用"矛盾思维"去思考问题。

如果把"存在论"和"本质论"进行对比，我们就会懂得：在经验常识和表象意识的层次上，我们虽然也是运用"概念"去把握对象，但"概念"却是围绕"对象"和"表象"旋转的。这时"概念"还只不过是一个"名称"，因此总是把对象看成是或此或彼、非此即彼的存在。这就是"知性"思维方式。而在扬弃表象的"反思"活动中，我们用概念之间的关系去

把握对象的本质，对象之间就不是或此或彼、非此即彼的存在，而是相互规定的存在。这就是"辩证"思维方式。所以，列宁提出："就本来的意义说，辩证法就是研究对象本质自身的矛盾。"

黑格尔《逻辑学》的第三大部分称为"概念论"。他认为，在"本质论"中，虽然我们看到了概念之间的相互规定，但却只是看到了这些"规定"之间的"对立"，而没有注重这些"规定"之间的"统一"。特别重要的是，我们的"本质论"中，往往是把概念之间的相互规定看成是"既定的""僵死的""凝固的"规定，而没有把这些规定看成是"运动的""流变的""发展的"规定。所以，黑格尔认为，真正的辩证智慧，真正的辩证思维方式，是注重概念的"内在的否定性"和概念的"自我发展"。对此，马克思曾作出这样的概括：辩证法在它的"合理形式"上，就是"在对现存事物的肯定的理解中同时包含对现存事物的否定的理解，即对现存事物的必然灭亡的理解；辩证法对每一种既成的形式都是从不断的运动中，因而也是从它的暂时性方面去理解；辩证法不崇拜任何东西，按其本质来说，它是批判的和革命的"（《马克思恩格斯选集》第2卷，第218页）。

为了深入地理解和掌握黑格尔的辩证法思想，我

们还必须具体地探讨两个问题：一是矛盾的"具体的
同一"；二是概念的"自我否定"。

黑格尔在他的著作中，几乎处处都在强调矛盾是
"具体的同一"，而不是"抽象的同一"。批判"抽象的
同一"，是黑格尔的辩证法的直接出发点；论证"具体
的同一"，则是黑格尔的辩证法的坚实的立足点。

所谓"抽象的同一"，是指排除掉差别和具体内容
的同一，也就是表象思维和知性思维中的同一。为了
具体地理解这种"抽象的同一"与"具体的同一"的
区别，我们来分析"杂多""对立"与"矛盾"的三者
关系。

我们在表象思维中所把握到的是"杂多"。所谓
"杂多"，是指直接的差别、外在的差别，也就是事物
的多样性。这种直接的、外在的差别，是表象思维所
把握到的事物现象形态的多样性，而不是对象本质自
身的关系，亦即不是事物规定性的自相矛盾。

"对立"同"杂多"不同，它不是事物现象形态
的差别，而是内在的差别、本质的差别。但是，以
"对立"的思维方式所把握到的事物规定性，只是不同
规定的简单的相互排斥，而没有把握到事物规定性之
间的对立统一。

"矛盾"则是使内在的差别达到了尖锐化的程度，

事物的任一规定都既是自我肯定，又是自我否定，也就是"自相矛盾"。只有在这种"自相矛盾"中，事物才能获得作为内在否定性的自己运动的动力。

在阅读黑格尔的《逻辑学》时，针对"杂多""对立"与"矛盾"的关系，列宁曾写下这样的论断："①普通的表象所抓到的是差别和矛盾，而不是一方向另一方的转化，可是这却是最重要的东西。②机智和智慧。机智抓到矛盾，表达矛盾，使事物彼此关联，使'概念通过矛盾透露出来'，但不能表现事物及其关系的概念。③思维的理性（智慧）使有差别的东西已经钝化的差别尖锐化，使表象的简单的多样性尖锐化，达到本质的差别，达到对立。只有那上升到矛盾顶峰的多样性在相互关系中才是活动的和活生生的……才能获得那作为自己运动和生命力的内部搏动的否定性。"（《列宁全集》第38卷，第149页）

这就告诉我们，要达到用辩证的思维方式去把握矛盾，就必须超越"表象"和"机智"而达到"思维的理性"即"智慧"。黑格尔的辩证法理论，正是为我们把握矛盾提供了辩证智慧。

不仅如此，黑格尔的辩证法还以概念自我否定的矛盾运动，向我们展现了人类思想运动的逻辑。

黑格尔提出，由于概念具有内在的否定性，因此在人类思想的进程中，表现出双重的否定：一方面，思维不断地否定自己的虚无性，从而使思想获得越来越丰富的规定性，这就是思想自己建构自己的过程；另一方面，思维又不断地反思、批判、否定自己所获得的规定性，从而在更深刻的层次上重新构成自己的规定性，这又是思想自己反思自己的过程。

思维在这种双重否定的运动中，既表现为思想内容的不断丰富，又实现了思想在逻辑层次上的不断转化，从而使人类思想运动的逻辑表现为建构性与反思性、渐进性与飞跃性的辩证统一。

文学家歌德曾经说过："人们只是在知识很少的时候才有准确的知识，怀疑会随着知识一道增长。"歌德的这段话，正是表明了"知识"的内在的否定性。我们在知识很少的时候，所有的知识都是确定的、准确的。而当着我们知识增多时，就会发现知识本身所蕴含的种种矛盾，于是就会产生"怀疑"。这种"怀疑"，正是抓住了知识的内在矛盾，从而以辩证的智慧去扬

弃已有的知识，使思想升华到新的逻辑层次。

我们掌握了这种"辩证智慧"，就会凡事想得深一成，望得远一程，看得透一层，就会"高明"起来。比如，在知性思维中，我们总是认为"无限"是"有限"的叠加，"无限"是对"有限"的包含。而辩证法大家黑格尔则认为，这样看待"有限"与"无限"的关系，就是把"无限"当成一种在"有限"彼岸的东西，因而是一种"恶的无限性"，而不是真正的无限性。为了揭露这种"恶的无限性"，以"思辨"著称的黑格尔，还颇为罕见地引证了一首诗：

我们积累起庞大的数字，

一山又一山，一万又一万，

世界之上，我堆起世界，

时间之上，我加上时间，

当我从可怕的高峰，

仰望着你，——以眩晕的眼：

所有数的乘方，

再乘以万千遍，

距你的一部分还是很远。

我摆脱它们的纠缠，

你就整个儿呈现在我面前。

确实，如果我们总是以有限去叠加无限，用有限去追逐无限，或者以无限去嘲弄有限，用无限去亵渎有限，有限就只能是渺小得跟无限沾不上边儿，有限就只能是短暂得无声无息地消逝在无限的对岸。这样，有限就只能是对着无限"望洋兴叹"了。

与此相反，辩证法大家黑格尔则提出：有限才是真正的无限，有限的自我展开就是无限。用这种"辩证智慧"去看待世界、历史和人生，我们将会获得辩证的世界观、历史观和人生观。试想一下，如果人生放弃了瞬间和有限，而只是苦思冥想永恒和无限，追逐长生不死和天堂彼岸，人怎能活得崇高，活得潇洒？而"摆脱它们的纠缠"，就会有瞬间的永恒、生活的崇高和人生的美感，真善美就会"整个儿呈现在我面前"。

黑格尔说："每个人都是一个整体，本身就是一个世界，每个人都是一个完满的、有生气的人，而不是某种建立的性格特征的寓言式的抽象品。"（《美学》第1卷，第20页）人用自己的理性去理解这个世界，用自己的情感去体验这个世界，用自己的意志去改变这个世界，就实现了思想的无限的发展，情感的无限的丰富和境界的无限的升华，因而也就"使人崇高起

来"。黑格尔正是以辩证法的思维方式实现了他的哲学旨趣——使人成为崇高的人。

辩证智慧是对经验常识和表象思维的超越，而人们又总是习以为常地用经验常识和表象思维去思考问题，因此，形成辩证法的思维方式，需要极其艰苦的培养和锻炼理论思维能力的过程。学习和研究黑格尔的辩证法思想，是每个期望提高自己的理论思维能力的青年的重要任务。

恩格斯讲过这样一段话："自从黑格尔逝世之后，把一门科学在其固有的内部联系中来说明的尝试，几乎未曾有过。官方的黑格尔学派从老师的辩证法中只学会搬弄最简单的技巧，拿来到处应用，而且常常笨拙得可笑。在他们看来，黑格尔的全部遗产不过是可以用来套在任何论题上的刻板公式，不过是可以用来在缺乏思想和实证知识的时候及时搪塞一下的词汇语录……这些黑格尔主义者懂一点'无'，却能写'一切'。"（《马克思恩格斯选集》第2卷，第119页）

在这里，恩格斯告诫人们，黑格尔的辩证法，决不是可以套在任何论题上的刻板公式，也决不是用来夸夸其谈的"词汇语录"。辩证法是一种高明的智慧，它需要内化为人的教养。这种辩证智慧的教养，会使人崇高起来。

思想的丰碑：黑格尔在当代与未来

> 跟随伟大人物的思想是一门最引人入胜的科学。
>
> ——普希金

在人类思想的发展史上，黑格尔既以最宏伟的形式总结了以往哲学的全部发展，又以最庞大的体系为后世遗留了极其丰富的哲学遗产。黑格尔哲学是人类思想史上的一座丰碑。

当代美国哲学家莫尔顿·怀特，在其所著《分析的时代——20世纪的哲学家》的开头，就这样写道："几乎20世纪的每一种重要的哲学运动都是以攻击那位思想庞杂而声名赫赫的19世纪的德国教授的观点开始的，这实际上就是对他加以特别显著的颂扬。我心里指的是黑格尔。"

接着，怀特就具体地指出，黑格尔"不仅影响了马克思主义、存在主义与工具主义（当今世界最盛行的三大哲学）的创始人，而且在这一时期或另一时期还支配了那些更加具有技术哲学运动的逻辑实证主义、

实在主义与分析哲学的奠基人"。他还进一步指出："卡尔·马克思、存在主义者克尔凯郭尔、约翰·杜威、伯特兰·罗素和G.E.摩尔，这些人在这一时期或那一时期都是黑格尔思想的密切的研究者，他们的一些最杰出的学说都显露出从前曾经同那位奇特的天才有过接触或斗争的痕迹或伤痕。"

大家知道，马克思在他的理论巨著《资本论》的跋文中，曾经这样写道：当着"德国知识界的吹牛的后生小子们"把黑格尔当作一条"死狗"抛掉的时候，他却以作为这位大思想家的"门生"而感到"自豪"。后来，列宁在他的哲学巨著《哲学笔记》中，在论述一系列重要的哲学问题时，总是把马克思和黑格尔相提并论，并且尖锐地指出，不研读黑格尔的《逻辑学》，就不懂得马克思的《资本论》。

马克思、恩格斯和列宁，都极其珍视黑格尔的哲学遗产，在批判黑格尔的唯心主义的同时，积极地汲取了黑格尔的辩证法思想，并创立和发展了马克思主义哲学。恩格斯说，黑格尔哲学的"真实意义"和"革命性质"，在于"它永远结束了以为人的思维和行动的一切结果具有最终性质的看法。哲学所应当认识的真理，在黑格尔看来，不再是一堆现成的、一经发现就只要熟读死记的教条了；现在，真理是包含在认识过程本身中，包含在科学的长期的历史发展中"。对于黑格尔哲学的巨大历史意义，恩格斯曾作出这样的评论："一个伟大的基本思想，即认为世界不是一成不变的事物的集合体，而是过程的集合体，其中各个似乎稳定的事物以及它们在我们头脑中的思想映象即概念，都处在生成和灭亡的不断变化中，在这种变化中，前进的发展，不管一切表面的偶然性，也不管一切暂时的倒退，终究会给自己开辟出道路，——这个伟大的基本思想，特别是从黑格尔以来，已经如此深入一般人的意识，以致它在这种一般形式中未必会遭到反对了。"（《马克思恩格斯选集》第4卷，第239—240页）

任何一种真正的哲学，都是以其时代性的内容、民族性的形式和个体性的风格，去求索和反思人类性的问题。就此而言，任何一种真正的哲学，既是民族性的，又是世界性的，既是时代性的，又是人类性的。或者也可以这样说，越是具有强烈的民族性，就越是具有深刻的世界性，越是具有强烈的时代性，也就越是具有深刻的人类性。黑格尔哲学就是民族性与世界性的统一，时代性与人类性的统一，因而能够获得世界性和历史性的巨大影响。

人们常常用"抽象"甚至是"晦涩"去概括黑格尔哲学，似乎黑格尔的哲学是一种超然于世界之外的

空想和遐思。马克思则深刻地揭示了黑格尔哲学与现实和时代的密切关系。马克思说，黑格尔是以"最抽象的形式"表达了"最现实的人类状况"。"个人现在受抽象统治，而他们以前是互相依赖的。但是，抽象或观念，无非是那些统治个人的物质关系的理论表现"。（《马克思恩格斯全集》第46卷上，第111页）

这就是说，黑格尔的"抽象"，既不是他个人的"偏爱"，也不是他个人的"编造"，而是根源于理论所表达的现实——现实被"抽象"，即"资本"所统治。在这个意义上，黑格尔的思辨哲学就不是远离了现实，而恰恰是思想中的现实。

理论作为思想中的现实，不是各种实例的堆积，不是个人智巧的卖弄，不是煞有介事的大发牢骚，不是轰动一时的明星效应，而在于是以"通晓思维的历史和成就的理论思维"去把握现实。具有强烈的理论吸引力和巨大的逻辑征服力的理论，总是"现实性"与"历史性"的统一。

在评论黑格尔哲学时，恩格斯一再强调指出，黑格尔哲学的理论魅力，在于它的"巨大的历史感"。读一读黑格尔的《精神现象学》《哲学史讲演录》和《逻辑学》，我们不能不折服于一种历史性的思想与思想性的历史的相互辉映的理论征服力量。

在黑格尔那里，尽管有许多"猜测的"甚至是"神秘的"东西，但却总是洋溢着令人赞叹不已的"历史感"。正是这种强烈的历史感，为后人提供了一种"建立在通晓思维的历史和成就的基础上的理论思维"，即辩证智慧。

黑格尔认为，理论体系是概念发展的有机组织，即逻辑化的概念展开过程。所以，黑格尔非常尖锐地抨击把理论体系变成"散漫的整体性"。从形式上看，许多"体系"有章、有节、有目、有纵、有横、有合，方方面面，林林总总，似乎完整无缺；而从内容上看，这些"体系"的概念之间却没有内在的联系，没有概念的由浅到深的发展，缺乏撞击人的理论思维的逻辑力量。黑格尔哲学作为"思想体系的时代"的体现，它以自己的概念发展的辩证法，展现了人类思想运动的逻辑。因此，黑格尔提出，一切科学都是"应用逻辑"，而哲学则是"逻辑"本身——为一切科学体系提供人类思想运动的逻辑。

从哲学史看，黑格尔以前的哲学总是从对立的两极去思考各种哲学问题，黑格尔则从"概念"出发，试图以辩证法去实现思维与存在、主观与客观、主体与客体、经验与理性以及真善美的统一。

人是以概念的方式来把握世界的。概念不仅仅是

人与世界的中介，而且是历史文化的"水库"。人对概念的掌握，也就是对历史文化的占有，从而使人成为历史文化的存在。就此而言，黑格尔所描述的"概念的世界"，也就是"文化的世界""人的世界"。

现代西方哲学的"语言转向"，是同黑格尔所描述的"概念的世界"密不可分的。当代著名的科学哲学家卡尔·波普，曾引人注目地提出了"世界3"，认为人不仅有"世界1"（物理自然世界），也不仅有"世界2"（人的精神世界），而且有"世界3"（语言文化世界）。著名的文化哲学家恩斯特·卡西尔，认为人性的统一性在于其符号功能的统一性。当代解释学大师伽达默尔，则提出"理解是人的存在方式"。所有这些理论都表明：人与动物虽然生活在同一个物理自然世界之中，但人的生活世界却完全不同于动物的世界；人只有掌握人类所创造的各种概念系统，才能成为真正意义上的人。这就是黑格尔的"概念的世界"在当代哲学中的巨大影响。

黑格尔把哲学规定为思想的自我反思，实质上是将哲学把握世界的方式同人类把握世界的其他方式既联系起来，又区别开来。人类以神话的、宗教的、常识的、艺术的、科学的、伦理的等各种方式把握世界，从而形成关于世界的各种概念系统。哲学则通过对思想（概念）的"反思"，而实现对人的自我理解。

黑格尔把哲学的对象由外在的世界和精神的世界转换成概念的世界，为当代以及未来的哲学展现了极其广阔的研究领域。现代的哲学文化学、哲学人类学、哲学符号学等等，就是沿着这条道路发展的。与此同时，它还引发现代哲学将人的文化世界的各个侧面、各个层次、各种形式的概念系统综合起来进行研究，从而形成了方兴未艾的现代分析哲学、现代解释哲学等等。

毫无疑问，由于黑格尔是以唯心主义的方式去展现人类思想运动的逻辑，去建构概念发展的辩证法体系，去高扬人类对崇高的追求，因而在其原有的形态上难以实现其改造世界的功能。但是，黑格尔哲学所提示的从人类的角度去理解人的世界，从人类的角度去理解人类个体，从人类活动的过程去理解人与世界的统一，从人类对崇高的追求去理解哲学的旨趣与使命，却对当代的以及未来的哲学发展具有深远的价值与影响。

哲学史是人类的艰难而曲折的自我认识史。伟大的哲学家之所以伟大，不仅在于他们为人类的知识宝库增添了多少财富，而且在于他们适应时代的要求，以敏锐的洞察力发现人类思维面对的巨大困难，以深

刻的批判力找到解决这种困难的思维方式，从而为后来的哲学提示新的发展道路。黑格尔哲学的真实意义和永恒魅力就在这里。

对于以"真理"为目标的黑格尔哲学，对于用"思想"写成的黑格尔传记，也许我们可以用莎士比亚的诗句来作结：

给美的事物

戴上宝贵的真理桂冠，

她就会变得

百倍的美好。

蜿蜒的旅痕：黑格尔的人生之路

青年时代的黑格尔热衷于神秘主义，他日后的见解多少可以看成是最初他以为是神秘洞察的东西的理智化。他曾在耶拿大学当无俸讲师，然后在纽伦堡大学任教，后来又在海德堡大学做教授，最后从1818年至逝世在柏林大学做教授。在以上各大学都讲授哲学。他晚年是一个普鲁士爱国者，是国家的忠仆，安享公认的哲学声望。

1770年8月27日，德国西南部符腾堡省的斯图加特城里，路德派基督教徒乔治·路德维希·黑格尔的家里，几声"哇哇"的啼哭，一个小生命诞生了，他就是后来享誉世界的乔治·威廉·弗里德里希·黑格尔。

黑格尔的母亲受过良好的教育，在黑格尔5岁时便对他进行启蒙教育，教黑格尔学习语文，热情鼓励黑格尔所取得的点滴进步。黑格尔7岁时在新教拉丁学校接受正规学校教育。他是一个模范学生，每次都因成绩优良获得奖学金。他的父母还请教师于课外替他补习几何学、希腊文、拉丁文，这为他阅读古典文

→ 德国的小城符腾堡

学、哲学和根据希腊文、拉丁文的原始材料讲哲学史打下了基础。因为黑格尔学习上勤奋上进，平日循规蹈矩，所以深得老师洛佛勒尔的赏识疼爱。并于1778年惠赠德文译本《莎士比亚全集》八卷，他告诉黑格尔："你现在还不能学习这些书，但你不久就会读懂它们。"洛佛勒尔死后，其妻又将其藏书数册转送于黑格尔，黑格尔后来称洛佛勒尔为他的"最敬爱的老师"。洛佛勒尔老师慧眼识珠，几十年以后他所识出的"千里马"驰骋万里、声震全球。他若魂魄有知，定会含笑于九泉之下的。

1780年，黑格尔10岁时进文科中学读书，这个时期正是德国文学伟大兴起的时期。黑格尔最心爱的作品却是《索菲从默墨尔到萨克森的旅行记》。少年黑格尔极其喜欢读书，他对哲学、历史、文学、自然科学等各个方面都有广泛的兴趣。他几乎把零用钱都用来买书，阅读了许多书籍，还把读过的书详细摘录在一张张活页纸上，然后按照语言学、美学、哲学、神学、史学、心理学、几何学、数学、教育学等分门另类加以排列。这种读书习惯伴随了黑格尔一生，使得黑格尔博闻强记，受益终生。

黑格尔小时候身体很虚弱，曾经历过几次重病的袭击，几乎丧命，但最后总算是又活了过来，真乃是"大难不死，必有后福"。黑格尔在儿时得过天花，医生都认为他一定会丧命的，但他奇迹般地好转过来了。黑格尔13岁时，斯图加特一带同时流行严重的胆汁性痢疾和胆计性热病，他们全家都受到感染，黑格尔的母亲因此去世了。黑格尔本人也病得特别厉害，已经有了扁桃体腺肿症状，大家都怀疑他是否能活得下去，不久病虽好了却又生一恶疖，为此又施行了一次痛苦的手术。

1788年10月，黑格尔因中学毕业成绩优秀获得了斯图加特、毛尔布隆两地保送，同时入学到图宾根神学院读书。图宾根神学院设在从前一个奥古斯丁教团修道院的故址，是专门为各地培养牧师和教员而设立的，学员两三百名，享受公爵所设奖学金待遇。黑格尔是这个学院的公费生，这里的生活方式也具有修道院的特色，

→德国图宾根市政府广场

各方面都有严格的规定。

在图宾根神学院的五年学习期间，他还和中学时一样，对其他方面的活动不感兴趣，只是致力于书本学习，而忽视骑马术和击剑术的训练。

在和少女相处时呆若木鸡。他穿着粗俗、陈旧，行动呆滞、迟缓，因此同学们送他一个绰号："小老头儿"。有个同学曾在他的纪念册上画了一幅驼背、挂着双拐的黑格尔漫画，并在旁边题辞道："愿上帝保佑这位小老头儿！"俗语说"人不可貌相"，多年以后正是这位"小老头儿"掀起了一股新的哲学潮流，它的声势是那么的浩大，很多年都没有人能够阻挡得住。同时又有许多人从其中吸取了一些思想并进一步发挥、阐述，他们的哲学观点至今在世界上还有很大影响，真可谓"源远流长"。

然而，黑格尔并不是一个落落寡合、行为鬼祟的人，而是一个开朗的、为人所喜爱的伙伴（"小老头儿"是善意的嘲讽）。他在愉快的酒宴上跟人们很合得来；在和朋友骑马到乡间时，竟忘记了规定的上课时间，以致受到禁闭；他热恋一个漂亮的女孩奥古斯特·黑格尔·迈埃尔，已故神学教授的女儿；他甚至在赠给友人的芬克的纪念册上表示他如何不嫌弃酒和爱情："上一个盛夏已经美满地结束了，现在更加美满！关于前者的格言是酒，关于后者的格言是爱！1791年10月7日。酒和爱！！！"

黑格尔与同学伊特魏因关系很好。1839年，伊特魏回忆同窗生活时，谈及黑格尔爱读《爱弥尔》《社会契约论》，心目中的英雄是卢梭。卢梭的著作黑格尔都很熟悉，并对他本人产生了很大的影响。黑格尔在图宾根神学院学完两年哲学课程之后，于1790年9月，和荷尔德林、芬克、奥里斯特四人共同为伯克教授所撰论文《论义务的界限》辩护，结果顺利通过，成为哲学学士。三年神学课程完成之后，于1793年9月，和其他同学共9人为校长勒贝雷特所撰写的关于符腾堡教会史论文辩护，顺利通过获得结业证书。颇为有趣的是毕业文凭上说他天资、品性都好，长于神学和语言学，而哲学上则没有能力。

1793年10月，黑格尔从图宾根神学院毕业，征得

教会当局的同意，准备绕开教会系统寻找职业，但承诺继续研究神学并报告学习情况，随时奉召担任神职。符腾堡神学家的道路通常都是从神学院和候选经过代理职务到牧师之职，但这样一个目标对于黑格尔来说却没有什么诱人之处，因为他富有哲学的思维方式而缺乏牧师的激情，并且缺乏牧师的口才，是个"很不行的演说家"，于是黑格尔决定放弃神学而选择哲学。

黑格尔经斯图加特友人介绍，前往瑞士伯尔尼到当地贵族大咨议局议会成员卡尔·弗里德里希·封·施泰格尔处担任家庭教师。施泰格尔的家住在楚格，因此黑格尔在一张由伯尔尼政府填发给他的旅行护照中被称为"亲爱的和忠诚的公民楚格的施泰格尔的孩子的家庭教师"，受教的是两个女孩和一个男孩。

→德国的斯图加特市中心广场

　　黑格尔随东家施泰格尔到他们一家在埃位赫的楚格庄园，在那里，黑格尔利用东家丰富的藏书、古本，研读了休谟、孟德斯鸠、雷纳尔、席勒的历史政治著作，做了大量的摘要笔记。尽管主人施泰格尔对黑格尔很亲切、平和，待遇也很优厚，可是远在他乡只身一人，昔日的好友如今远在千里之外，黑格尔倍感寂寞与孤独。于是常和好友荷尔德林、谢林通信联系，互通音讯。

　　黑格尔和谢林的通信偏重于对哲学的问题的研讨。黑格尔由于杂务缠身远离文坛，而谢林正在研究康德、费希特的哲学，后来又开始创立自己的哲学体系，于是谢林成了黑格尔在哲学道路上前进的引路人。从二人的通信中可以看出，黑格尔和谢林对康德哲学抱有很大希望。

　　随着1794年罗伯斯庇尔的垮台，开始发生了一个有利的倒退运动。这个运动与恐怖政策背道而驰，它发展到使一个极不虔诚的党徒，以其作为革命之畸形产物在南特被杀，而著名的卡里耶尔于1794年12月16日被斩首。不久之后，黑格尔在他从瑞士写给谢林的第·封信中以满意的口气提到这个事件："卡里耶尔上断头台想已知悉，你们还读法国报纸吗？如果我记忆不错，听说法国报纸在符腾堡是被禁止的。此案甚

为重要，它把罗伯斯庇尔的无耻行径全部揭露出来了。"从这段话中可以看出黑格尔那种充满激进的资产阶级民主思想，值得一提的是黑格尔在1796年12月回到了家乡，并结识妹妹的友人、天主教徒恩德尔。她在黑格尔家中作客数月，在以后的岁月中，两人一直保持着通信联系。黑格尔57岁那年,还收到了恩德尔寄来的寿辰诗。

1796年10月，黑格尔的好友荷尔德林推荐黑格尔到美因河畔的法兰克福商人戈格尔家任家庭教师。黑格尔以能重返故园与至友重聚兴高采烈，他在回信中立即接受了这个不为重视的职位。回信是仓促写成的，连日期都不确切（1796年11月于伯尔尼城郊的楚格）。回信的语气表明黑格尔的心情是如何的欣喜，能再次得知你的消息的确令人高兴，来信的每字每句都流露着你对我的始终不渝的友谊。我无法用言语形容我的这种喜悦，我多么希望很快能见到你和拥抱你啊！就这样，黑格尔在1797年1月往北踏上了前往法兰克福的旅途。

黑格尔在法兰克福比在伯尔尼时间上稍显空闲些，他在这里同从前一样关心政治、宗教和社会状况，还研究了犹太史学家约瑟夫的著作《摩西五经》，英国经济学家斯图亚特的《政治经济学原理》。1798年，黑格尔深深地被他故乡需要改革的直接现状中的问题所触动，他竟积极计划处理一张致同乡和"致符腾堡人民"的传单中所提出的有关问题和要求。传单的题目是："符腾堡市参事会必须由人民选举"，或者是"来自市民"。最后的措辞是"关于符腾堡最近的内部情况，特别是关于市参事会的宪法"。

黑格尔在同斯图加特几位朋友通信商讨之后，不得不相信他的文章对于故乡的政治状况改变和改善没有起任何作用或作出贡献。

1799年1月14日夜，黑格尔的父亲安然去世，这消息对黑格尔来说非常惨痛，这已是他在法兰克福遭受的第二个打击了。好友的不幸遭遇，父亲的故去都给黑格尔在法兰克福的时光笼罩了一层伤悲的色彩。

← 德国法兰克福市街景

黑格尔的父亲的遗产总计约十万古尔盾，黑格尔分得的遗产比他的弟妹所分得的遗产略少，约三千多古尔盾（昔时金币及银币的名称）。虽然不算很多，但对登上大学讲坛之用还是绰绰有余的。

由于有了经济上的准备，黑格尔打算离开法兰克福这个"伤心之地"，辞去家庭教师的工作，到一家大学里当老师，为以后的学术研究和著述活动创造条件。黑格尔考虑走上大学讲坛还有学术上的原因。在这个时期，黑格尔在学术上已进行了比较充分的准备，写了一些草稿，未来的哲学体系已在酝酿之中。为了跻身于学术界，黑格尔放弃了法兰克福的待遇优厚的家庭教师工作。

当时德国哲学的中心地是耶拿，德国的诗歌和戏剧艺术在魏玛。席勒已迁居魏玛（1799年）;费希特由于无神论的争辩以及因魏玛政府的斗争，已离开耶拿迁居柏林。谢林当上了哲学副教授（1798年），他在班堡逗留了几个月以后又回到了耶拿（1800年10月）。歌德、赫尔德以及浪漫派诗人施莱格尔兄弟也都住在耶拿。耶拿是当时德国的精神生活和文化生活最活跃的大学城，名人云集，学术气氛浓厚。出于个人的权衡，黑格尔决心去耶拿。

在去耶拿之前，黑格尔希望能在另一个城市十分

顺利地完成准备工作，地点可以是爱尔福特或爱森纳赫，也可以是他最喜爱的班堡，为的是在那里可以就近考察天主教。没有人能比谢林更好地帮助他，因为谢林刚刚在班堡滞留了几个月之久。基于这种想法，黑格尔于1800年11月2日写信给谢林："虽然我们已分别多年，但我想，您是不会因我一点琐事求助于您而嫌麻烦的。我希望您在班堡给我找一个住处，我想在那里住一个时期。我决定在独立的环境中过一段时间，以便从事于已经开始了的研究和著作。在我确信有能力参加耶拿的学术角逐之前，我想预先在第三个地方好好地充实自己。我想到班堡，因为我希望在那里和您相见。听说您要回耶拿，而我在班堡并不认识人……若是您能设法使我在学术上结识几个朋友的话，

我将同样感到高兴。您了解各地的情况，也许别的地方，如爱尔福特、爱森纳赫更为合适些。那就请您提出建议来，我的要求是生活费用低廉，有对我身体有益的好啤酒和几个相识，其他并不计较。但是，实际上黑格尔并未到任何第三个地方去，在1801年1月，他从法兰克福直接到了耶拿。

黑格尔到耶拿的第一年，他第一次见到了歌德，这两位人类思想史、文化史著名的巨匠自然结下了深厚的情谊。歌德自1795年任魏玛公国枢密院大臣，对于耶拿大学的改革颇费心思。费希特的来去、谢林的聘请、黑格尔的安顿，他都很关心。尽管他最热心的是文学事业、戏剧诗歌活动。歌德和黑格尔的友谊长达30年之久，一直到黑格尔去世。

1805年，黑格尔得知他在耶拿大学的对头弗里斯已内定晋升为副教授时，立即愤而奔走呼吁，得到歌德的大力推荐，最后幸而如愿以偿，于3月晋升为耶拿大学副教授。讲台上的黑格尔远不及费希特和谢林那样口若悬河、妙语连珠，具有强大的吸引力。而是像坐在家里书桌前一样，翻翻自己的笔记本，找找要讲的段落，吸吸鼻烟，又打喷嚏又咳嗽。他低沉地讲着，费劲地斟酌字眼，并不考虑如何讲得深入浅出，叫人一听就懂。人们管他叫"木头人黑格尔"。第一期只有11名学生报名听黑格尔的课，就是到了后来，耶拿大学听黑格尔讲课的学生也难得超过30名。黑格尔还经常陷于沉思，以致有时闹出笑话：有一次上课，他心不在焉地提前了一个小时，下午3点的课，他两点就去了。讲堂里听课的是另一批人，可是他没有觉察就在讲坛下坐下讲起课业。有个学生向他暗示搞错了，他压根儿没有理会。按照课程表，这时应该由奥古斯蒂教授来上课。他来到教室听到黑格尔的声音，以为自己迟到了一个小时，于是赶紧退了回去。到了3点钟，黑格尔的学生们都来了，他们好奇地等待着，看看他们的老师如何摆脱这个尴尬局面。黑格尔说："诸位，感官可靠性究竟是否真正可靠，首先取决于自身的意识经验。我们一直认为感官是可靠的，本人在一小时以前却对此有了一次特别的经验。"说完，嘴角间浮起一丝微笑，便又接着讲课了。

普法战争期间，黑格尔和歌德一样认为拿破仑是法国革命的继承者，是个革新家，他将摧毁旧的秩序，并为法国开辟新的道路。黑格尔热烈欢迎把《拿破仑法典》介绍到莱茵联盟各国来，他认为拿破仑的政策将促进德国的民族复兴。

1806年10月13日清晨，法军占领了当时黑格尔居住的耶拿，30日拿破仑皇帝进入耶拿。黑格尔非常景

拿破仑·波拿巴，法国近代资产阶级军事家、政治家。法兰西共和国第一执政，法兰西第一帝国皇帝。

仰拿破仑，但是这位"世界精神"的士兵们并不客气，他们将黑格尔的钱财洗劫一空，使黑格尔流离失所，不得不寄居在一位朋友那里。黑格尔哲学体系中的第一部著作《精神现象学》在耶拿被法军占领的前夕基本上完稿，黑格尔在逃难时尚带着《精神现象学》手稿的最后部分。他借着营地和炉灶的火光，把幸免于难的手稿整理出来，并写完了最后几页。黑格尔后来功成业就，想到自己在一场大战前夜写完《精神现象学》一书，常为此感到自豪。

《精神现象学》应由班堡的书商戈布哈特承印和发行，但黑格尔没有遵循康德的聪明原则，等原著从头到尾都写好誊请以后才让开始印刷。这部著作尚未写完时就已付印，每印张稿酬18古尔盾。全部交稿以后，稿酬的头一半就该到期，对于一部正在执笔过程中的著作，要确定哪是头一半那是很困难的。1806年2月，这部著作开始付印，9月，黑格尔亟须稿酬，可是发行人拒绝一切支付，一直到全部稿件到手为止。黑格尔对发行人不信任，而发行人同时又是书商和印书人，黑格尔遂求助于班堡的友人尼塔默。尼塔默于1806年9月29日订约：假如一直到10月18日还不能全部交稿，就负责把整个已排印的版买下来，每份偿付12古尔盾。这样发行人才支付了应付稿酬的一半。尼塔默以他这样的保证向耶拿的友人表现了真正友谊之举，黑格尔称之为"英雄气概"。他现在只有不惜任何代价完成自己的义务。朋友就是下雨天给你打伞的那个人，所有的这些诸如此类的谚语、成语都不足以描绘尼塔默对朋友的真诚相助。

虽然不无周折，黑格尔的《精神现象学》于1807年3月出版了。这本书表明黑格尔哲学已不再是谢林哲学的一个支派，一种注释，而将是一个真正体现了理性和自由时代思想的哲学体系。

1807年11月2日，谢林给黑格尔写了一封礼貌而冷淡的信。信的结尾写道："但愿还值得继续做您的真正朋友。"两人的信札往来以这封信而告终。实际上，这两个青年时代要在共同道路上携手并进的密友就此

反目相向，各行其事了。

正当黑格尔在耶拿为前途和生计发愁之时，他忠实的朋友尼塔默又向他伸出了友谊之手。尼塔默始终乐于助人，这次又为黑格尔从事一种有益的、并非不如人愿的新闻活动找到了门路，这就是班堡日报的编辑工作。这份报纸是私人财产，处于地方行政机关监督之下。原是一个法国侨民编辑的，后来又落到托依柏教授笨拙的手里，他不是吸引而是吓退了订户。枢密顾问巴亚尔德推荐尼塔默本人当编辑。尼塔默是地方管理会咨议，公务冗繁，于是介绍黑格尔。巴西尔德是一个头脑清楚、精明强干的人物，立即同意此事。他很快排除了障碍自任编辑，一直到黑格尔能离开耶拿。黑格尔到任以前，尼塔默去慕尼黑当中央学校委员的教育委员会委员，他的影响所及大为扩张，以致伸展到整个新的巴威略王国。黑格尔用被钉在十字架上的信徒的言语写道：“先生，如果你到了你的王国，请想念着我，我愿意祈祷！”

1807年3月，黑格尔前往班堡担任《班堡日报》编辑。这个职务收入并不丰厚，每年460福科林，但重要的是黑格尔曾对克涅柏尔讲过：“您知道，我一向偏爱政治。”在1807年2月20日致尼塔默的信中也表露出黑格尔非常重视报纸的作用。他觉得办报纸可以使他参与政治，发挥舆论工作的威力。他雄心勃勃，想把《班堡日报》办成一个既具有法国特色又不失德国人口味的报纸。

由于班堡已被法军占领，办报受到很大限制，没有写社论的自由，还有官方的书报检查制度，很快黑格尔的万丈雄心就被消磨殆尽了。1808年7月，《班堡日报》上发表了一则巴伐利亚部队调动的消息，虽然是转载其他报纸的，但仍然招致巴伐利亚慕尼黑官方的追究，引起法律纠纷。这类事已招致外地《埃尔圭根报》被查封。如今，事情还要涉及和法国占领的关系，黑格尔感到穷于对付，萌发了放弃记者生涯的念头。

黑格尔在班堡已呆不下去了，无奈他只好再次向尼塔默求助。尼塔默这时已任巴伐利亚中央学校及高级教会事务所顾问。经他介绍，黑格尔于1808年11月转往自由直辖市纽伦堡，到新由四所学校合并成立的麦南希特文科中学任校长。

黑格尔在麦南希特中学任校长期间还教哲学，平时为缺课的教员代教古典文学、高等数学等课。对学校教育，他强调学习古代语言和文学，认为古希腊是欧洲文化的摇篮，这一点他受好友荷尔德林的影响很深。

1813年12月，黑格尔又被政府任命为纽伦堡市学

校事务委员会督导，收入有所增加，手头这才觉得不再那么拮据。黑格尔的哲学思想随着其著作《精神现象学》的出版，在社会上日益为人们所熟知，其影响也日益扩大。

此时，黑格尔虽然还未"妇孺皆知""家喻户晓"，但知名度已有很大提高。有几位中学生非常崇拜黑格尔。黑格尔鉴于他们思想不成熟，认为他们不应当以"黑格尔派"自居。正如罗森克朗茨所说，黑格尔是一个"慢性子"的人，不但作为学者，就是作为人也是成熟得很慢。直到40岁，黑格尔才感到需要结婚。他写信给他的朋友尼塔默，希望尼塔默夫人能为他物色一位生活伴侣。经过尼塔默夫妇的热心张罗，1811年9月，黑格尔和纽伦堡元老院议员卡尔·封·图赫尔的女儿玛丽·封·图赫尔报巴伐利亚王室获得批准后结婚。这一年，黑格尔41岁，新娘比他小20岁。虽然她的父母起初反对这桩婚事，但她深深地爱上了黑格尔，总是以敬畏的眼光注视着他。在她眼里，他是一个才华横溢、富有智慧、知识渊博的人。还有，他的阅历是那么丰富，这对一个涉世未深的少女也不无吸引力。总之，她被黑格尔深深地迷住了。新娘聪明、文雅、年轻、漂亮，黑格尔对他的婚姻感到非常满意和幸福。但黑格尔在经济上并没有因与贵族女子攀亲而得到任何好处，那时他正闹钱窘，差点儿因经济困难而延迟结婚日期。黑格尔认为婚姻不仅是赤裸裸的两性关系，也不仅仅是市民的契约关系，而是一种精神上的统一，实质上是一种伦理的关系。

婚后不久，黑格尔在给好友的信中说："我终于完全实现了我的尘世愿望：一有公职，二有爱妻。人世在也，夫复何求。"这固然反映了黑格尔的庸人习气，但也表现出他安心于个人生活，潜心于哲学研究，没有争政治权力，争荣誉财富的野心。

黑格尔在纽伦堡的安定的学术著述生活并没有因为结婚和家务而打断，相反，幸福的婚姻为黑格尔的学术研究创造了更便利的条件。新婚后仅半年，二十多万字的《逻辑学》五卷问世。在这部著作中，黑格尔系统地论述了他的唯心辩证法，它标志着黑格尔的辩证法思想已经完全成熟。

1812年，黑格尔的弟弟鲁德威·黑格尔从符腾堡公国图斯加特军校毕业，服役于曾参加拿破仑远征俄罗斯的战役。当年战死疆场，未婚。这年10月，谢林前来纽伦堡访问黑格尔。黑格尔热情接待了这位昔日的好友，但两人绝口不提原本共同感到有兴趣的话题——哲学和理论问题。

1813年6月，黑格尔的大儿子卡尔·黑格尔出生，

长大后任埃尔兰根大学历史教授，黑格尔的历史哲学讲演录便是由他整理出版的。1814年9月，小儿子伊曼努尔·黑格尔出生，曾在普鲁士布兰登堡省担任宗教和政治方面的高级职务。

1814年夏天，黑格尔得知妹妹克里斯蒂娜有病在身，遂接来在家养病年余。弟弟已死，黑格尔的同胞仅有妹妹一人了，更加珍惜与妹妹的手足之情。父母双亲早已故去，妹妹终身未婚，做兄长的他不能不关心妹妹。由此可以看出，黑格尔的家庭观念还是很强的。1815年冬天，克里斯蒂娜病已痊愈，满怀感激地离开了黑格尔的家。

黑格尔在纽伦堡的8年，是他一生中成果辉煌的时期。首先，他写成并出版了《大逻辑》。这是一本在欧洲哲学史上常被和亚里士多德的《形而上学》相提并论的巨著。其次，他还讲授了从逻辑学和古希腊语的多种课程。这多种门类的学科给他制定了自己的体系，为阐发自己的哲学体系提供了条件。特别是，正如黑格尔自己所指出的，通过多年的教学实践，他的讲授能力大大提高了，成了一位受听众欢迎的老师。但是，黑格尔却难于忍受这种哲学上的孤寂，他不断地设法重返生气勃勃的学术园地，再置身于学术上的朋友和对手之中。同时也改善一下经济状况，得到较好著述条件。1816年8月，黑格尔的这种愿望在海德堡大学校长助理道布的热心促成下实现了：最早收到海德堡大学的聘书，紧接着又收到埃尔兰根大学、柏林大学的聘书。黑格尔对后者喜出望外，但只得婉言谢绝。

1816年10月，黑格尔到巴登公国的海德堡大学担任哲学教授，接替弗里斯，弗里斯以所谓宣传无神论思想而不得不离开。这一转变不但是黑格尔梦寐以求的，而且对他作为学术活动家的生活道路影响也是深远的。在一定意义上可以说海德堡大学的哲学讲座实际上是柏林大学哲学讲座的阶梯。如果当时黑格尔应聘了埃尔兰根大学的语言学教授，今日的欧洲哲学史也许就要换一种写法了。

1816年10月28日，黑格尔在任海德堡大学教授的训职演说中公然声称"普鲁士国家就是建立在理性基础上的"，这其实就是公开承认普鲁士国家的合理性，当年的专制统治的反对派黑格尔，现在开始为专制制度涂脂抹粉了。他的这种妥协倾向得到了普鲁士政府的赏识。

1817年瓦特堡的节目典礼上，大学生们痛斥暴政和反动派，把反动政治著作和一件普鲁士紧身制服、一条黑森士兵的发辫和一根奥地利下级军官的手杖作

为反动的象征付之一炬。他们的一项最重要的要求是统一德国。大学生协会很快遭到德国政府的迫害和镇压，但黑格尔却从真正国家的概念的立场出发指责大学生协会，尤其指责它的左翼所进行的这种争取民主的努力。然而，黑格尔并非是封建复辟派，相反地，他对当时的复辟思潮极为反感。

黑格尔应聘到海德堡大学以及以后两年的教学，都受到卡尔·道布的多方面关照。两人共事的时间不足两年，但由于志同道合却结成了终生的友谊。卡尔·道布长于黑格尔5岁，从1795年起就已经是海德堡大学的教授了。他与黑格尔的相识、相知，既是偶然又是必然。1816年7月30日，道布在给黑格尔发出邀请书时，他们两人从未谋面，可是信中两位却好像是老相识。

道布自认为是黑格尔学派中的一员，积极传播黑格尔的哲学观点。费尔巴哈就是在道布的神学讲座上接触了黑格尔哲学，并转到柏林大学改从黑格尔学习哲学的。为了使黑格尔顺利应聘到海德堡，道布在黑格尔的薪俸、待遇、住房条件方面又几次与有关方面磋商，尽量使黑格尔满意。如此盛情，黑格尔焉能推却。后来黑格尔又收到了埃尔兰根大学、柏林大学的聘书，虽然后者更使他动心，但既已承诺他人，一诺千金。黑格尔忠实地履行了他对这位从未谋面的朋友的诺言，这或许就是古人所说的"信"。

黑格尔在海德堡大学讲授逻辑学、形而上学、法哲学、哲学史、人类学、心理学、自然法和国家学等课程．上课之初，听黑格尔课的学生只有4名，后来逐渐增加到了二三十名，最后达七十多名。黑格尔在这里受到了学生们的普遍欢迎和尊敬。

黑格尔思考问题专注，在海德堡留下了许多趣闻轶事。据说有一次黑格尔思考问题在同一个地方站了一天一夜；还有一次，黑格尔一面沉思一面散步。天下雨了，他的一只鞋陷在烂泥里，他也没有注意到，只穿着一只袜子继续往前走。做学问需要心静，酷似中国佛门中的悟"禅"，黑格尔完全达到了心灵上的这一境界：老僧入定，古井不波。

1817年12月，普鲁士宗教教育大臣阿腾斯坦上任，他确信黑格尔哲学对国家的重要作用，并且面对着不断掀起的学生革命高潮，他想借助黑格尔来平定人心，邀请黑格尔到柏林大学当哲学教授。

1818年3月，普鲁士国王签署了任命黑格尔为伯林大学哲学教授的敕令，黑格尔欣然接受了这一任命。于1818年9月离开海德堡，向西北顺道访问了歌德，然后到柏林大学就任哲学教席。黑格尔在柏林大

学的年俸一倍于海德堡大学的年俸，当然黑格尔接受这一任命不仅仅是因为经济上的原因。黑格尔在柏林大学的同事有：神学教授施莱马赫、圣经评论家德·维特、物理学教授艾尔曼，稍后还有植物学家舒尔茨等。柏林时期是黑格尔一生中最辉煌的时期，正是在柏林大学，他完成了他那巍峨壮观的哲学体系，建立了自己的学派，聚集了一大批才智非凡的学生和追随者。黑格尔的哲学在这里达到了顶峰，同时也使西方古典哲学的发展达到了顶峰。

　　1818年10月22日，黑格尔就职时发表了演说。演说一开始，他就颂扬普鲁士是科学和文化的中心，精神生活是这个国家的基本特征之一。黑格尔公开美化普鲁士专政制度，粉饰现实，号召人们向现实妥协，表明自己的哲学和基督教的协调。因此，黑格尔得到了普鲁士政府的赞助和支持。黑格尔晚年以及他死后的很长一段时间里，其哲学实际上成为德国全国性的占据统治地位的官方哲学，成为德国的国家哲学。在这篇开讲词中，黑格尔还嘲笑了知识肤浅、性格浮薄的人（指弗里斯等激进派）。指出哲学的目的就在于掌握理念的普遍性。黑格尔宣布，他打算将哲学的真实内容"在诸君面前发挥出来"。

　　在柏林大学的13年期间，黑格尔讲授过的哲学全书、自然法与国家学、逻辑学与形而上学、哲学史、人种学和心理学、美学或艺术哲学、宗教史、宗教哲学、历史哲学、自然哲学或实用物理学等课程。单看这些课程的名称，其种类之繁多，范围之广，你就能明白黑格尔的庞大而复杂的哲学体系了，他简直堪称一位"百科全书式"的人物。

通过多年的教学实践，黑格尔的讲授能力大大提高了，他成了一名受学生欢迎的老师。再者，《精神现象学》《哲学全书》这两部宏著的出版，使黑格尔的声名大振，许多人都慕其名转到柏林大学听黑格尔讲课。下面，我们来看看黑格尔的一个学生霍托眼里的"黑格尔"吧，霍托认为他在黑格尔的世界观中找到了他出于一种内心的迫切愿望而经常探寻的东西：生活和艺术的和谐，现实和诗的和谐。

霍托这样描述黑格尔给他的第一个印象："还是在我大学生活开始的时候，一天早晨，我为了向他作自我介绍，第一次腼腆而信赖地走进了他的房间，他正坐在一张宽大的写字台前焦急地翻阅一堆横七竖八的书刊和纸片。他那过早衰老的体态虽已佝偻，但还保持着原有的刚毅和力量，一件黄灰色的长睡衣从肩头慢慢地顺着他那瘦削的身躯滑落到地上。从外表上看，他既不具有令人肃然起敬的威严，也缺乏吸引人的风

雅，老的市民阶层的令人敬重的率直是他在待人接物方面的又一个特点。"

"我永远忘不了他的脸庞给我留下的最初印象，整个面容表情无精打采、萎靡不振，没有一点生气。在他的这些表情中，看不到一丝破坏性的热情，但却反映出他长期默默无闻地进行思考的日日夜夜。怀疑的痛苦，无法抑制的思潮的激荡，似乎都没有使他40年的思考、探索和发现感到苦恼和无所适从。只有那些更丰富、更深刻、更严密和更可靠地揭示出早已被幸运地发现的真理内核的坚韧不拔的追求，使他的额头、双颊和嘴巴布满了皱纹。整个头部有一种多么令人尊敬的神态，高高的鼻子显得气度高雅，微微突起的额头，沉静的下颚，大小事情上的忠实和正直，以及把主要精力用于在真理方面求得最终满足的明确意识，所有这些都在他的整个容貌上生动地表现出来。"

黑格尔不仅是一位勤于治学的思想家，而且还是一位对教学工作认真负责的好老师。黑格尔每次上课前总要精心准备，登上讲台时总是带着他认真选择的各种材料，特别是那些写满附录、注释等的大笔记本。黑格尔讲课只注重课的思想内容，而不在意课的形式是否生动活泼风趣以及是否深入浅出，易于理解。听黑格尔的课必须有足够的耐心，并且善于抓住他在讲述过程中迸发出来的思维的火花，这样，你才能"渐入佳境"，真正领悟黑格尔深奥的哲学思想。

霍托在他的《生命和艺术的新探》一书的结尾部分对黑格尔的教学方法作了最生动的描写："几天以后，当我在讲台上又看到他时，我最初对他的讲演方式和内在的思想进程都不能理解。他无精打采、闷闷不乐地低头坐着，一边讲述，一边翻阅和查看自己的大笔记本，时而向前，时而向后，时而在下面，时而在上面。经常的咳嗽声干扰了讲演的正常进行。每个句子都是单独出现的，并且由于紧张讲得不是很连贯和没有条理。每个单词，每个音节只能勉强地从他的斯瓦本方言的低沉音调中，得到一个非常基本的表达重点，仿佛每一个词都是最重要的。然而，这整个情景引起了一种深深的敬意，那么一种尊重的情感，并且由于一种十分认真的素朴的思想而被吸引住了，以致我尽管感到很不适应，尽管我只能从他所讲的内容里懂得很少的东西，但却感到自己成了一个被心悦诚服的吸引住的人。虽然我在短时间内通过勤奋和坚韧不拔还不能完全习惯于黑格尔讲课的这种外在的方式，但其内在的优点却越来越明显。这些优点和那些缺点融为一个在自身中具有自己完善境界的统一整体。"

黑格尔从事物最深邃的基础中得出最重要的思想，

虽然这些思想是他多年前反复深思熟虑的和深入研究过的，可是要使它们切合实际的发挥作用，还必须由他自己在不断变化的现实世界中重新提出来。对于这样一种困难而艰辛的直观的形象思维，除了采用讲课的形式以外，采用任何其他的方式都是难于想象的。如同古代的预言家那样，他们愈是顽强的与语言作斗争，愈富有表达力。凡是他们斗争过的东西，有些成功了，有些失败了。黑格尔也以笨拙的认真的态度进行斗争并且获得了胜利。

黑格尔完全埋头于对事物的研究，他似乎仅仅根据事物，为了事物本身而不是为了听讲者从自己的精神中去阐述事物。事物都是从他的精神中产生的，一种近乎慈父般的透彻的讲解缓和了那种使人对这些艰深的思想望而生畏的呆板的严肃气氛。他开始有点结结巴巴，讲一段重复一遍，再停顿一下。一边讲一边思考，他好像永远也找不到适当的言词。然而，一旦当他选择了一个词汇，它似乎又是无比恰当的，不常用的，甚至是唯一正确的。最重要的东西总以为马上就要讲到，但不知不觉地已经全部讲完了。

黑格尔那强大的精神力量以其安然和宁静的姿态，不断地在那些似乎无法解释的事物的深奥之处发掘和探索。这时，他的嗓门提高了，眼睛在教室里炯炯发光，并在炽热的信念之火中闪耀。他用他那从不贫乏的言词触及人们的灵魂深处。只有在那些最简单的问题上，他才显得笨拙和无能为力。反之，在那些最抽象的概念和最大量的现象之中，他却能巧妙地运用自如。他能在迄今难以达到的高度上提出任何一种观点，甚至是一种很独特的观点，并能描绘出它的全貌。用这种方式，他非常出色地描绘了时代、人民、事物、个人。他那具有深刻洞察力的目光使他能够在多个方面揭示出事物的本质。他的早期的直观能力直到暮年仍没有失去在其青年时代所具有的朝气和活力。

正当黑格尔在柏林大学宣讲他的哲学的时候，柏林大学还来了另一位哲学家。他生前屡遭挫折，死后才声名远扬。他就是悲观主义哲学家阿图尔·叔本华。叔本华的一生是孤独的一生，他无国、无家、无父、无母、无妻、无子，又无朋友。

1820年，叔本华向柏林大学提出当教师的申请，被接受为编外讲师。3月23日，叔本华在同仁面前举行了有关因果性原理的试验性演讲。出席这次讲演的黑格尔在讲演结束后，就关于动物的行为受动机所支配的观点向叔本华提出了讽刺性的问题,,但是，黑格尔还是在大学议定书上签了字。依照传统，几天以后，新讲师又以拉丁语作了关于哲学的意义和价值的演讲。

在柏林大学，叔本华共担任了24个学期的编外讲师。叔本华有意与当时名声最噪的黑格尔较量一番，他非常自信，要求在黑格尔开课的同一时间开课，唱一场争夺听众的对台戏。结果，叔本华一败涂地，学生们都被黑格尔吸引去了。黑格尔讲课的教室座无虚席，走廊上甚至还挤满了人。听叔本华的课的学生只有3人，未授完全课程，叔本华就草草收场，愤怒离开。在随后的23学期中，叔本华的课因无人听课而只得撤销。叔本华彻底失望了，他在柏林大学无法与黑格尔一争高低。

在叔本华的晚年以及在他死后，其思想才开始为世人认同，才开始发生影响。在今天看来，叔本华的思想丝毫不逊于费希特、谢林、黑格尔等人的思想。天才生不逢时是世上最大的悲剧，叔本华是这些悲剧中的代表。

尽管黑格尔在柏林大学被推崇为普鲁士的国家哲学家，但在实际上他和普鲁士政府的关系并不是很协调的。在柏林时期，黑格尔的思想已经非常保守，也越发不赞成革命行动。普鲁士政府聘请黑格尔到柏林大学任教，原本是想利用黑格尔来抑制知识分子和青年学生中的激进倾向，可是当普鲁士政府不断加紧镇压学生运动，疯狂逮捕、搜查大学师生时，虽不赞成革命行动的黑格尔却对他周围的思想上比较激进的青年大学生深表同情和支持，甚至不惜承担风险为营救被当局逮捕的青年学生而四处奔走。因此，黑格尔本人后来也成了官方怀疑的对象。普鲁士的王太子甚至当面指责黑格尔，说黑格尔的学生甘斯在课堂上宣扬共和主义。

黑格尔喜爱音乐，从少年时代起他就喜欢听音乐会，这一兴趣终生未减。有趣的是，歌德的学生、语言学家、出版家帕蒂提到，有一次，莫扎特音乐演奏会结束了，黑格尔以钝拙的言词表达自己的满意，引得乐队指挥史莱因后来对帕蒂说："这一来，我算喜欢这位口吃的哲学家了。"

1819年，少年音乐家门德尔松从外地演出载誉归来。小门德尔松是著名启蒙哲学家、犹太人莫泽斯·门德尔松之孙，其父柏林银行家经常为其举办家庭星期日音乐晚会，招待上流社会、文化艺术界人士。黑格尔、大洪堡、梅林姆均为常客。黑格尔在他适意的地方，他的社交总是很朴素而不单调，又很愉快。在柏林，除了门德尔松家之外，瓦恩哈根·封·恩泽、法伊特这几家都是黑格尔经常出入的。他在那里接触学术文化界人士以及一些政要教会人士。在晚会上，黑格尔始终是一个令人喜悦的、欢畅的、健谈的客人，

人们都感到少不了他，对他始终保持着良好的、愉快的回忆。

1820年10月，黑格尔完成《法哲学原理》手稿。这本著作于呈送检查官一年之后，得以出版于柏林。在《法哲学原理》中，黑格尔认为实行王位继承法的君主立宪制是所谓最好的国家形式，他对贵族作了重大让步。另一方面又表达了资产阶级的法的观念，为温和的资产阶级的政治要求进行辩护，这本书是资产阶级向贵族阶级妥协的纲领。《法哲学原理》一书出版时，黑格尔给普鲁士王国总理大臣写了一个附函，说明这本书出版的宗旨。附函中，黑格尔说他的著述的宗旨在于：证明哲学是和国家性质所要求的基本原则相和谐的，是同普鲁士王国有幸在英明政府与阁下的贤能领导之下，已经取得的和继续取得的一切成就相和谐的。而我本人作为这个国家的一员，为此感到无上的光荣。阿腾斯坦大臣复函黑格尔赞赏新著，称他为"普鲁士复兴的国家哲学家"。在《法哲学原理》一书序言中，黑格尔对哲学有两段极为精彩的论述。

其一为：哲学的任务在于理解存在的东西，因为存在的东西就是理性，就个人来说，每个人都是他那个时代的产儿。哲学也是这样，它是被把握在思想中的它的时代。妄想一种哲学可以超过它那个时代，这与妄想个人可以跳出他的时代，跳出罗陀斯岛是同样愚蠢的。如果它的理论确实超越时代，而建设一个如其所应然的世界，那么这种世界诚然是存在的，但只存在于他的私见之中。私见是一种不结实的要素，在其中人们可以随便想象任何东西。随后，黑格尔很幽默地说："这里就是罗陀斯（《伊索寓言》上说，有一个人自吹在罗陀斯跳得很远，别人听了不信，叫他当场表演，就在这里跳吧），这里就有蔷薇，就在这里跳舞吧。

其二为：哲学作为有关世界的思想，要直到现实结束其形成过程并完成其自身之后，才会出现。概念所教导的也必然是历史所显示的。这就是说，直到现实成熟了，理想的东西才会对实在的东西显现出来，并在把握了这同一个实在世界的实体之后，才会把它建设成为一个理智王国的形态。当哲学把它的灰色绘成灰色的时候，这一生活形态变老了，把灰色绘成灰色，不能使生活形态变得年轻，而只能作为认识的对象，密纳发的猫头鹰要等黄昏到来，才会飞起。在这段话中的最后一句的意思是：哲学家们必须在现实世界已经经历了形成过程并且已经成为"实在的东西"之后，才能构思他们的哲学体系，阐发他们的哲学思想。这两段话所共同表达的一个思想就是哲学不能超越它的时代。同样，每一个人也不能超越它的时代。这反映了黑格尔的很强的历史

逻辑观，他将个人思想都放于它们的时代大背景之下，而不是理解为抽象的人及思想。这个思想非常可取。另外，在这两段话中的后一段话，其实是对前一段话的进一步阐述和发挥。

在哲学方面，谢林曾是黑格尔的引路人，黑格尔也曾是谢林哲学的追随者。然而，正是从谢林哲学出发，黑格尔创立了自己的哲学体系，并使自己的哲学远远超过了谢林哲学。

在柏林大学学习期间，费尔巴哈听完了黑格尔的逻辑学、形而上学和宗教哲学，逻辑学甚至听了两遍。他感到黑格尔哲学使他意识到自己，意识到世界。他把黑格尔看作是自己思想上的"第二个父亲"。根据费尔巴哈的亲身经历，认为作为黑格尔学派的创始人，黑格尔确实有着他的追随者不可企及的优越之处。

费尔巴哈喜欢听黑格尔的课，但他不想成为黑格尔哲学的忠实信徒，更不想成一名"黑格尔主义者"。甚为遗憾的是，费尔巴哈坚决地抛弃了黑格尔哲学，他不但丢掉了黑格尔哲学中的唯心主义，而且也丢掉黑格尔哲学的最大成果——辩证法。即他是完全否定了黑格尔哲学，而不是批判地继承它。对此，恩格斯有一个非常形象的比喻。他说费尔巴哈在倒洗澡水时，连同水里的婴儿一同倒掉了。后来，黑格尔的辩证法在马克思主义哲学中得到了最为充分的发挥，其革命性也得到了最大程度的体现。正如黑格尔后来批评谢林的"同一哲学"，嘲笑"绝对同一"，认为"黑夜观牛，凡牛皆黑"一样，费尔巴哈后来也从唯物主义的立场批判了黑格尔的唯心主义，指出它是"神学最后的避难所和最后的理性支柱"。

惊人的类似总在历史上重演，黑格尔虽然受邀离开了海德堡大学，但是他与道布的友情并没有间断，两人不断书信往来交流思想、传递信息，仍是很好的朋友。在理论问题上，道布是黑格尔哲学的忠实追随者，为了传播黑格尔的哲学思想，研究黑格尔的著作真称得上是孜孜不倦。1821年，道布已经是一个往60上数的人了，还是以极大的毅力钻研黑格尔的逻辑学。他为《精神现象学》开设专门课程，认为研究神学的学生如果不先去研究这门有关意识的科学，将徒有其名，一无所获。

道布作为黑格尔哲学的信奉者，不仅自己研究黑格尔的哲学思想，在课堂上向学生宣传黑格尔哲学，而且他还做到了许多人做不到的一点：主动担负起了《哲学全书》烦琐而劳累的校对工作，这是何等无私！

关于神性的传统观念，黑格尔不论在青年还是在老年时期都是加以拒绝的。《法哲学原理》《哲学全书》

（第二版）的出版，使黑格尔哲学的影响远远超出了德国，并形成了一个以黑格尔为中心的黑格尔学派。黑格尔的辉煌在柏林达到了顶峰。黑格尔哲学在各地都有拥护者，如海德堡大学的道布，埃尔兰根大学的卡普，尼斯堡的阿贝格。柯尼斯堡的阿贝格文，布雷斯劳和哈勒的欣里希斯，拜罗伊特的加布勒等，黑格尔经常同他们通信保持联络。黑格尔哲学的影响已经极为广泛，但是,黑格尔不同意将他黑格尔的哲学用"黑格尔哲学"一词来表示，这一点在1819年黑格尔写给欣里希斯的信里作了明确表示。

心灵之约可以跨越时空。歌德年长黑格尔21岁，他们两人开始结交时，黑格尔才是个刚踏上耶拿大学讲台的讲师，是一位没有什么名气的编外讲师。而歌德早已载誉全欧，在魏玛公国历任要职，可以说是一位"显赫人物"。黑格尔对他这位老前辈一直都是毕恭毕敬、恭维备至，在信里一直以"大人阁下"相称。黑格尔走上学术道路，歌德对他关怀备至。从精神以至物质待遇上都是鼓励提拔，无不尽力。黑格尔和歌德的这段忘年交持续了30年，直至黑格尔去世。他们两人的关系从他们的通信之中反映出来是情愫满怀，真挚动人。黑格尔本人富于文学艺术的修养，直到花甲之年还自己亲自动笔写诗。而歌德自己不但在诗里充满哲理，很理解哲学对时代的作用，也注意哲学的进展。晚年，他还写信给黑格尔，希望看到他新出版的哲学著作。他写道："希望您不久用自己的著作让我高兴一下，我以最大的可能经常保持着对哲学家赠品的兴致，并且每当我能够得到一种自然不曾赋予我的方式研究出的东西，就高兴不已。"

黑格尔初到柏林时，歌德对光学最感兴趣。歌德把牛顿的理论斥之为"最愚蠢"的理论，"最坏的形而上学"。和牛顿相反，歌德认为阳光不是由诸种不同的颜色组成的，而是"最纯净的上天的赠品"；颜色不是不同的物体对太阳光反射的结果，而是光和影、明和暗这两种相反因素的统一，是两者结合的产物。黑格尔无保留地站在歌德一边，猛烈地抨击牛顿学说，认为歌德"明中有暗"的理论是既明白清楚有充分根据，而又富于教益的理论。在《哲学全书》（第二版）的第二部分《自然哲学》第221节里把牛顿的颜色理论称作"最坏的反思形式"。黑格尔还开展实验来证实歌德的理论，组织力量扩大歌德理论的影响。

1825年，黑格尔这时也已同歌德一样站上了德国文化的奥林匹斯山的顶峰，他在信里依旧满怀深情地向歌德说："您……向我们提供了难于忘怀的鼓舞和享受，您向我们提供的这种享受促成了我们对您一种单

方面的联系，在这里全部讲话都由您独立承担。可以这样说，我们连气也不敢出，为了不致干扰呡吸您的精神芬芳，我们必须保持沉默。在我纵观自己精神发展的全部历程时，无处不看到您的遗迹。我可以把自己称作是您的一个儿子。我的内在精神从您那里获得了恢复力量，获得了抵制抽象的营养品，并把您的形象看作是照耀自己道路的灯塔。"

1826年8月，黑格尔接受了学生们为他和歌德举办的联合生日庆祝会。黑格尔和歌德的生日正好前后相接，一为二七日，一为二八日。这时的黑格尔已无可争辩地统治了哲学界，犹如歌德主宰文学界，贝多芬主宰音乐界。自此，自豪的德国便产生了每年两天的假日，以示庆贺。

1827年10月18日，黑格尔应年迈的歌德邀情，暑期游历巴黎归途经魏玛探望歌德，漫谈双方都感兴趣的辩证法问题。歌德很赞赏黑格尔的自然和历史观点。歌德的秘书爱克曼记下了当时的会见。1829年，黑格尔作了秋季旅行后，于9月11日绕道魏玛，最后一次拜访歌德。这一年歌德已经80岁了，黑格尔也已经59岁了。两年以后，黑格尔先于歌德离开了人间。

1807年11月，黑格尔和谢林的友谊由谢林一方结束。二十多年后的1829年秋天，年届花甲的黑格尔来到游览胜地的温泉浴场卡尔斯巴德，在这里与谢林不期而遇。两位年轻时的同窗好友都不胜惊喜，他们共进午餐，同游附近的山岭，畅谈政治，在"充满旧日热诚友谊中"同住了5天。黑格尔立刻把这一消息向他的夫人和友人作了报告。但是，黑格尔和谢林无所不谈，唯独不触及哲学问题。

1825年10月，巴伐利亚君主约瑟夫逝世，路德维希即位，这位新国王竭力提倡科学与艺术，想把慕尼黑建设成为文化中心。

1827年5月，谢林被巴伐利亚政府任命为科学中心总监和慕尼黑大学教授，同时被科学院推举为院长。谢林此时是何等的荣耀显赫！作为负责科学事务的国家官员，谢林几乎每年都发表纪念国王诞辰的演说，赞扬路德维希是科学与艺术的保护人。从1835年开始，谢林还被安排给王储马克西米里安讲解哲学。谢林成了官方哲学家，成了钦命的"青年导师"。谢林随着仕途的顺达，其哲学的保守方面日益突出出来，并占了上风。他背弃了早年的进步思想，转向研究"神话哲学"和"天启哲学"，主张哲学要为神学服务。晚年谢林的哲学抬高信仰而贬低理性，与科学和一切进步思想相对立，描绘出一幅从上帝中来到上帝中去的宗教漫画。

1829年10月，黑格尔被普鲁士国王任命为柏林大学的校长。1830年6月25日，黑格尔以校长身份在柏林大学的大礼堂，向教授、学生、政要、教区领导发表拉丁语《纪念奥格斯堡信条呈递三百周年》讲话。在讲话中，黑格尔重申当代新教和普鲁士国家，哲学、伦理是一致的，历史的发展就这样通过和平的渐进而无须"暴乱"。

鉴于黑格尔对普鲁士政府的恭顺态度，普鲁士国王于1831年1月授予黑格尔三级红鹰勋章。1830年夏，普鲁士科学院院士选举会上，黑格尔未能入选科学院院士这个学术荣誉地位。阿腾斯坦邀情黑格尔来柏林任教时，就主动提出要设法给予。可惜，十几年来，首先是柏林大学校内反对黑格尔的施莱尔马赫在科学院颇有影响，极力反对他入院。近年，黑格尔哲学及黑格尔学派势力壮大，施莱尔马赫稍有退让，却又遇上自然科学界、物理学家、数学家们不买账。黑格尔虽得政要的保驾也难以遂愿，这是黑格尔在柏林唯一不如人愿的事情。真可谓叹人间美中不足，今方信世上没有真正的圆满。

1830年8月27日，黑格尔在荣誉的顶点度过了他60岁的诞辰。为了庆祝黑格尔的60大寿，他的学生们定制了一种纪念章。纪念章的正面铸有哲学家的侧面像，背面则是一幅象征画。画的正中是守护神。右边是一个女性，手执体现宗教信仰的十字架。左边是一个埋头读书的老学究，他头顶还有一只象征智慧的猫头鹰。据解释，信仰和智慧的结合便是这幅画的真谛。

1831年夏季，柏林霍乱流行。黑格尔与家人避居乡间，好多人被霍乱吓坏了，都远远地离开了首都。黑格尔61岁生日那天，前来道贺的友人寥寥无几。黑格尔的学生和热烈的崇拜者，一位不太知名的诗人海因利希·威廉·奥古斯特·斯提哥利茨却在黑格尔的61岁生日那天给他的老师写了一首祝寿诗，题为《呈黑格尔》，内容如下：

在诸神下界的午夜来临，请接受我的祝福吧，您是精神王国的君主，我不断地从内心欢愉地对您赞颂，愿师尊万福。您并非形成王国的匠师，也不是精神王国的霸主，您是那些绝对准则的王公。在时间里，万物都彷徨失措。将来总会有一天，众人们把不渝的忠诚向您足前奉献。那些无耻之徒花样新翻，和您相形对比之下，原形毕现。各种公式已经及时制定，诸般精神作出庄重保证，现在它们已播散向四方，仿佛在化装歌舞队里进行。可悲啊，人们

却是自行其素，可悲啊，您的同时代人，竟忘记了您的真言，去把放出来的魔鬼制服。它们肆无忌惮地到处生长，全无限制的遍地蔓延，从那五色班澜的海滩，到俄罗斯中部的荒原。敬礼，您精神的王公！看吧，这样的时刻定会到来，人们用奉献给上帝的双唇，礼赞您师尊本人。这是唯一四方传诵的真言，天地的正气，威灵赫显。它把空虚的假象从本质驱散，把本质的宝座让精神永占。

1831 年 8 月 27 日

次日，黑格尔作诗酬答：友谊的祝贺呀，打动我的深衷，这岂只是贺辞，而是庄严号令去行动，用道理来促使大众，至爱亲朋，齐备把胡作非为扫净！什么是人们过错，你这样深深指责每个人都耳闻目睹，又何须惊怪；这真言果然能把罪恶防止吗？这是种工具，把更多的坏事招来。我何曾不痛心疾首，但却劳而无功。你的召唤督促我把使命完成。但愿哪，精神仍如旧日向我泉涌，切莫空耗在无益的哀怨之中，把希望带给人民，带给劳动！

人说："月满则云，水满则溢""乐极生悲"，这个生辰及以前，黑格尔的威名显赫达到了顶峰。也正是这一年，黑格尔的生命走到了尽头。1831年11月14日，黑格尔因感染霍乱病逝于柏林。这位天分虽不高却一直都很勤奋的哲学家就此与世长辞了，德意志民族又陨落了一颗文化巨星。黑格尔的学生遵照黑格尔生前的遗嘱，将他安葬在柏林市中心的墓地。他的近旁安息着费希特和布莱希特。